侯士庭 / 著　　周一心 / 译

James M. Houston

幸福真谛

—— 寻找人生真满足

IN PURSUIT OF HAPPINESS

Finding Genuine Fulfillment in Life

上海三联书店

纪念我的同事好友

克劳斯·博克米尔

（Klaus Bockmuehl）

并以感激的心

献给

所有教我领悟幸福真谛的

维真学院校友

目录

致中国读者

　　亚里士多德和佛陀教导说，人可以靠自己的技艺或修炼，生活在一个非上帝所造的世界，从而获得幸福。然而，基督教所说的幸福是一个敬虔的概念，它是创造主赐给所有因蒙上帝之爱而爱上帝的人。寻求幸福的人唯独在上帝那里找到幸福，这幸福是丰盛生命的源头，无论顺境还是逆境，都是如此。

——侯士庭（James M. Houston）

2014 年 5 月 17 日

作者序

"写一本关于幸福的书？你一定在开玩笑吧?"这是一位知我甚深的朋友的反应。我并不是活跃型的人，也从未有人认为我个性外向；对于那些把幸福定义为"有乐趣"和血管中循环着气泡水而非血液的人来说，我更非他们的同类。刺激、新鲜、浪漫、速度和游戏都不在我的日程表里；我也没用过任何一种"愉快量度计"来测量我的幸福指数。

我的太太已经直截了当地表明，其实对她而言，若丈夫不是在写有关幸福的书，那就是她的幸福！我的儿女均已长大成人，成为我的好朋友。他们认为，我对生活、对人际关系都太认真了。所以，在我年老的时候写一本有关幸福的书，现在已成了我们家中的大笑话。那么，我为什么写呢？

我写这本书，一部分是因为在我人生的许多阶段，曾经有过不幸福的体验。没有任何人生来就是幸福快乐的，尽管人总是可以达到某种程度的幸福。当幸福的果子进入我们生命之中时，不但值得高兴，也应该与同甘共苦的朋友分享。我以深切的热忱完成这本书，因为我十分关心人们在寻求福祉时，是否也同时注意到个人的正直与诚信。我多少还有一个动机，就是在为自己立传，以便提醒自己：不要再走错路径，不要再走入死巷，更不要在人生旅途中迷失。

这本书也要表达我对以往学生们的感激，包括早先在英国剑桥大学作导师时期，以及后来在加拿大创办维真学院的二十年间，所接触到的每一位学生。这些可爱的青年男女，因着他们的奉献和对上帝的寻求，也大大地祝福了我的人生。透过书中所写的真实故事，你将会和我一样发现，以生命交织的锦绣会是何等灿烂！当我们"给出去"，当我们与人建立关系、分享彼此的故事，而不为一己私利去占有和控制他人的时候，我们的生命就会真正扩展开来。

幸福不是玩笑；幸福乃是人类一件严肃的事情，尤其今日在毒品文化、地球生态毁灭的威胁之下，如果我们找不到人类幸福的正确处方，事情就会每况愈下，更加不可收拾。可幸的是，现今也是开放（glasnost）的时代，工商界已采取比较人性化、个人化的经营，所以每个人都要以一种新的坦诚态度，来认知自己以往的世界观和思维模式已不足以应付这个时代的各种议题。唯有带着这种诚实的态度，我们才能努力为自己、为下一代营造一个幸福安居的生活。

我的主要论点是，幸福不是一种产品，也不是一项个人成就；事实上，有一种造成毒品文化和消费主义的商品心态，正在威胁着人们的安危。"商品心态"使人只关注自身的利益，激发人的自私和彼此的猜忌，以致互相为敌。这样，怎么可能幸福呢？真正的幸福，是一种满有恩慈的生命所结出的果实——既是从他人领受恩慈而结出果子，也是因施予爱而结出果子。只有在生活上与他人、与社会建立稳固和健康的关系时，幸福才会临到。

如果上帝就是爱，那么他也是人类一切友谊的源头。因此，我们应该竭力克服信仰上的偏见，努力成为一个更真实的人，对待他人也是真实的，甚至能以虔诚、正直、开放的心来改变四周不幸福的人。

在此我要特别感谢我的太太舍己的爱，她容我关在房间里写书，她是我数十年幸福婚姻的良伴。这本书里，我用了许多维真学院学生的人生故事作例子，来说明一些观点。我很感谢学生们允许我这么做，但为了保护隐私，我更改了他们的名字。我感谢朋友和家人一直用爱支持我的写作，他们丰富了我的人生，令我深感幸福。

我也非常感激琼·努德鲁（Jean Nordlu）小姐和伊利

莎白·博克米尔（Elisabeth Bockmuehl）女士慷慨地协助校稿。还有编辑人员罗宾·基利（Robin Keeley）对我不断的鼓励，大力协助本书顺利出版，在此致谢。倘若书中有任何的错误或者缺点，都是我一个人的责任，与他人无关。

第 **1** 章
你怎样才能幸福?

不要从你以外去寻找真理,而要回归内心,因为真理住在人的内心;如果你发现你的本性飘忽不定,那便要远离自我,往前迈进,到那理性之光得着其亮光的源头。当你进入了内室,就进入了心门。欢喜进入内心而找不到邪恶的人是幸福的。

——奥古斯丁

幸福,不在偶然或意外中凭空而降;幸福乃是一种特定生活方式产生的结果,这种生活方式包括了纪律和自省,个人的满足感和安全感,灵里的平安和宁静,以及对旁人的影响力。因此,幸福不是一种时尚,也不是一个偶像,尽管现今社会中有很多人把"幸福"当作时尚或偶像来追求。

幸福,不是一个目的地,而是一趟有待完成的旅程。幸福绝不是"豁免痛苦",否则,幸福就与享乐混为一谈了;世俗文化便经常将二者混淆。

那么,幸福究竟是什么? 幸福就是能为自己营造福祉,同时为别人带来和谐与肯定,以及对周遭和属天事物有深刻的属灵洞见。不过,幸福也是难以捉摸的,它可能是暂时的,也可能是持久的状态;它可能是真的,也可能是假的。在所有的情感中,幸福感或许是最容易辨认,却最难找到和最难定义的。不同的人看幸福,就有不同的定义;即使是同一个人,在其生命的不同阶段里,幸福的条件也会随之改变。

在世俗文化中,所谓的幸福,就是个人的安全感、银行里的存款、稳定的工作或有理想的生涯规划。幸福就是受人重视,特别是在我们的亲人和朋友面前。幸福是可以坦然与知心朋友分享,让朋友了解自己;虽然我有软弱,我仍可以信赖他,而他依然理解我。幸福感也反映在对自我身份的认定上,即使是微小的事,也可以触及我们的幸福感,例如上司对我肯定的微笑、顾客给我满意的称许。在另一种层面上,环境的影响也会让我们觉得幸福快乐,例如一夜好眠、朝阳的绚丽、优美的居家环境、聆赏喜爱的音乐等等。这些都是描绘快乐时光的例子。但是我们若要成为"幸福的人",特别是连别人都看得出来的幸福,那就需要有更持久与深刻的内涵。

随着年岁渐长,至少我们中间有些人在观察别人的时候,已学会透视别人平静的面貌和冷淡的表情,辨认出别人生活中的痛苦和不快乐,尽管他们尝试用笑声来掩饰。与此相反,我们也可以从某些人满足、平静的态度中,看见他们内在深邃的平安和喜乐,这一类人与那些烦闷无奈、感情枯竭、对别人无法坦诚,或是忧伤的悲剧性人物互相对照,实在有天渊之别。

本书目的

"你幸福吗?"这或许是一个人能问出或被问到的最严肃的问题,因为这个问题会一下子将我们引入自己生命的深处;因为它探测我们的价值观、所选择的生活方式、信仰的质量、对自己内在的感觉、人际关系的深度和特性,以及对亲近的人具有多少影响力。

现代社会中,这个问题每天被人们漫不经心地使用无数次。人们彼此问候:"你好吗?"期望对方在电梯门关闭之前迅速总结出自己的感觉。我们很少给人足够的时间作礼貌性的回应,更别提诚实的回答了。尤其是那些全然目标导向、在"崇拜成功"的文化里工作与生活的人,可能更讨厌这种问候语,因为他早已毁了许多能让他幸福快乐的机会了。

另一方面,那些因为遭到漠视、虐待、贫穷而被剥夺了童年的人，则对幸福感到陌生，觉得幸福仿佛是另一个星球的东西。我们有时用肤浅甚至虚伪的方式谈及幸福，有时又小心不让它像一根探针似的刺痛自己、暴露自己的伤口。

疏离感的产生，是因为我们不在乎将别人与自己只作笼统的归类。很多人都不想真正认识彼此，因为单单处理自己的伤痛和重担就已经够受的了；我们相信自己的生活世界已经够繁杂，所以不必再对"彼此认识"这件事多花时间，于是便很自然地把自己的注意力和别人的注意力都转离了情感生活。这就是为什么我们对"你幸福吗?"这类问话带有疑惧，因为这问题会引人专注思考自身的状况，而使生活变得好像更复杂些，倒不如简简单单做个务实的人，每天安分地过日子。

然而，这实在行不通，要知道，未经省思的人生是没有意义的。本书的目的，即是想帮助大家认识真正的幸福是什么，也了解它何以在现今文化里日渐式微，我们该如何重新寻回它。因此，中心目标就是寻觅幸福的真正源头，并且明白我们该为自己的幸福向谁献上赞美。

女低音演唱家费里尔（Kathleen Ferrier）在癌症病重时，曾到瑞士阿尔卑斯山旅行，她因马特峰的雄伟壮丽而发出惊叹；但是她又伤心自忖：为了眼前美景带给她的幸福感，她竟没有一个对象可以致谢。这表明：幸福，是要在给予的时候才得到完全。这是我们了解幸福的关键之一。幸福不能自私地为了自己而紧抓不放；幸福必须与人分享。我们不能"抓住幸福",而且在自己和别人都能享受到幸福之前,我们必须先"给出去"。

这个理想是许多人未曾体验过的,因为我们住在一个疯狂的世界,不幸福已是常态。这个世纪也许比之前的任何世纪更不幸福。瞻望二十一世纪,我们必须迫切祈求,让它成为人类的转折点——从黑暗转向光明。每个人都渴望世界能成为一个幸福的地方,但或许我们得先学会在自己内心尝到幸福,然后才可能进一步去思想如何使这个世界成为幸福的地方。

什么令你幸福?

社会学家曾经尝试"测量"人的幸福指数,然而很显然,对于什么样的态度、动机和事件能够使我们感到幸福,人们往往有很宽的范围。坠入爱河的一对恋人,起初看来很幸福,然后,理想形象开始幻灭,两人逐渐失去对彼此的信任,最后幸福感荡然无存。一位女商人对自己蒸蒸日上的事业感到心满意足,但是在婚姻破碎后,她顿时失去了工作或整个事业带来的满足感。此类事件显示出,我们原以为能带来幸福的事,是多么的不牢靠。这就是为什么我们需要将焦点从问自己"有多幸福"转移到"怎样才幸福"。后者是一个基本的问题,而每个人的答案会反映出不同的人格类型。

我们常常粗略地说某人"气质"如何,"性情"如何,"人格"类型如何,"性格"如何等等,其实我们需要细察这样的说法究竟是什么意思。古代人对于性情的分类,是起自公元前五世纪的"医学之父"希波克拉底(Hippocrates)。他发现人类有四种人格气质:抑郁质,多血质(热情),粘液质(冷静),胆汁质(暴躁)。到了现代,又有其他多种人格分类法。

人格,能表达人际间的关系,显示出我们如何学会与性情不同的人应对交往。品格,指的是我们已经稳定下来的个人特质,使我们有坚定性、一致性和道德力量,能避免落入"成瘾性"或"强迫性"的行为。但可悲的是,我们并非被"自由的自己"所掌管,而是被"有强迫行为的自己"所驱使,因此,我们的人格受自己强迫性行为(习惯)的影响,远远超过受自己的长处与能力的影响。

我们常以"处事"而不"处人"的态度,逃避这些内在的弱点,尤其这个充满事务的世界不会要求我们与事务建立关系,一如我们与人建立关系那样,所以我们就很容易继续忽视这些成瘾的行为。于是,艺术家一头栽进绘画世界,园丁兴高采烈地种花植树,商人一路追求自己的生意,学者任意发挥自己的专长。但是,别忘了,我们也住在一个"他人"的世界里;我们与他人的关系如果发生冲突,也会与自己发生冲突,正如我们的嗜好与他人的嗜好有了冲突。在这种情况下,我们最容易感到不幸福。

如果我们像许多性向测验所着重的一样,只专注于自己的才能,我们就很难看清一个事实:自己的缺失正是造成自己不幸福的原因。这就是为什么我们要查看自己人格特质的某些区域，看清自己在哪些方面有强迫性的行为，在哪些地方有不平衡的倾向。这能帮助我们在与别人相处时，看得出对方的强迫行为，于是我们就能进一步了解对方，可以用比较仁慈的态度去理解或原谅对方，向他们显出真正的爱心。人们若能更有智慧、更有同情心、更多互相了解的话，必能消除人世间的诸多不幸。同时，我们也会开始明白，在不愉快的冲突中，我们彼此都会受到影响。

举个例子。一个年轻人如果对年长的男性总是表现得很疏远、心存疑惧，那么，就算那位年轻人的态度和善，我仍会猜想：他是不是对他的父亲有负面的印象？或者，一个女孩很难与年长的妇女坦然相处，我也会想：她是如何与她母亲相处的呢？其实，每个人的人际关系受父母的影响甚大。如果别人曾经有意或无意地让我们受到伤害，或是冒犯过我们，我们就很容易产生过激反应；对那些不小心触到我们尚未愈合的伤口的人，我们容易有激烈的反应。

因此，如果我们对别人的人格特质一无所知，也是一件危险的事。对别人的忽视，会使我们放大人际关系中的负面成分，例如在说"我不喜欢他"、"我不信任他"的时候，常常不是因为他冒犯了我们或令我们失望，而是因为他"与我们不是同一个类型"，或是因为我们对他的特性一无所知。

清楚自己的人格类型，能帮助我们觉悟：自己制造出来的局面，可以带来幸福，也可以导致不幸。了解自己，能使我们活得有智慧、更谦逊，而且使我们自己对于加诸别人身上的负面影响变得敏锐。由于四周有太多受过伤害的人，如果我们在人际关系上粗枝大叶，其后果往往不堪设想。我们若认真地想在生命中寻找更多的幸福和满足，就不能一直对自己毫无所知。现在来看人格特质的九种类型，你或许能立刻认出自己属于哪一型，或觉得自己是几种类型的混合。事实上，每一型都会突显人格特质中具有强迫性的那一面。

第一型：完美主义型/改革型

这类型的人企图躲避愤怒，努力作乖孩子，而且极力活出最合理、最自义的样式。等到人生后期，完美主义者会发现自己里面深藏了许多愤怒。他可能会感到抑郁，觉得别人都令他非常失望，尽管他可能已隐约察觉自己才是问题的所在。他终生都在做"正确的事"，也希望别人能像他一样美好、光明。他会对别人犯了那么多错误而感到烦恼，使他自己变成一团深埋地底闷烧的火。他总是不肯承认，正是他造成了自己的不快乐。

完美主义者的矛盾是，一方面相信那些使人真正幸福的价值，另一方面又可能因为老是留恋过去的美好、容许自己怨恨不完美的事、让苦毒和控制欲占了上风而毁掉自己。

完美主义者可从下列陈述当中认出自己——

- 幸福就是要达到我的理想标准。

- 幸福并不是我最想得到的;我情愿做对的事,而不是做令我自己快乐的事。

- 如果别人做事没有恰到好处,我就有挫折感,这令我不开心。

- 我不知道自己什么时候生气过,我相信我的情绪蛮平稳的。

- 我经常批评别人,因为别人的表现很少达到令我满意的标准。

- 小时候,我被别人批评时会觉得很痛苦;现在我明白了,我的幸福感是系于更多地宽恕别人。

- 我承认,我很容易被有价值的目标和理想吸引,并全力投入,以获取幸福快乐。最初我以为这是一种无私的表现。

第二型:施予型/博爱型

这类型的人会避免承认自己"有需要",尽管他们内心一样渴望别人的接纳和称许;他们很难承认,在帮助别人的时候,其实也会借着别人的感激而使自己快乐(换句话说,是在购买爱、赢得爱)。他们也需要"让自己被别人需要",因此,当帮助的对象并未以他们所期待的方式回应时,他们就会大失所望。他们认为,幸福就是具有"宝座背后的权力"(幕后的主事者)。施予者若能学会压抑自己操控别人的倾向,就会广受欢迎。

施予者可从下列的陈述中认出自己——

- 幸福就是与别人"在一起",就是帮助别人。
- 不幸福的状态经常是由无法持久的友谊所导致;我与别人的关系可以很亲密,但维持不了多久。
- 我觉得当自己被别人的关爱包围时,就是我最幸福的时刻;我喜欢被人爱。
- 我不觉得自己有许多需要;我宁愿对别人有所帮助。
- 我确实有好出风头的倾向,必须小心防备别人的奉承。
- 我小时候自认蛮受疼爱的;我学会了表现自己,以确保自己能受到更多的喜爱。
- 为了得到喜爱,我会做出操控别人的行为,所以我需要可信赖的人来审查、质问我助人的动机。

第三型:表现型/实践型

这类型的人在现代尤其容易受到赞美和肯定,因为他们急欲有所成就,并且认为失败是一种罪过,所以会用尽一切可能的方法来避免失败。表现者被形容为"变色龙",为求在各种环境下都能出人头地,甚至不惜付上失去诚信的代价。他们的自我价值感主要系于自己做了什么,所以"成绩"对他们至为重要。表现者认为,幸福存在于"作个行动家",爱要靠行动来表达,事业必须成功,婚姻必须"奏效",每一种人际关系都必须发挥其功用。

表现者可从下列陈述中认出自己——

- 幸福就是时时都在忙碌中。
- 幸福就是投入正确的工作或职业里,而且做起来游刃有余。
- 我很怕失败;投入了那么多心血,我不能想象失败会是怎样的情景。
- 我不太多想自己;我只想埋头苦干。我觉得常常反省会把事情搞得太复杂。
- 我很会说话,口才出众;我活得很有劲,马不停蹄,这些都能带给我幸福感。
- 小时候,我常因所做的事和学业成绩优秀而受到称赞;青少年时期,我开始真正看清楚,在所有应该做、喜爱做的事上表现优秀是多么重要。
- 给别人良好的第一印象很重要,因为这对我的幸福很有助益。

第四型:浪漫型/艺术型

这类型的人极为需要感觉到自己"很特别",也许是因为他们童年时情感方面没有得到满足。他们不计代价地避免成为"平凡人",因为他们的自我价值感与个人的悲剧经验密不可分。浪漫型的人容易感觉沮丧，但他们强烈的怀旧和忧郁情愫，也会因着对未来浪漫和兴奋的期待而得到平衡，使他们热烈期许一个多彩多姿的未来。

浪漫型的人很熟悉下面这些陈述——

- 等到我的"过去"完全被医治了，我才能真正地感到幸福。
- 梦想成真，就是我最幸福的时候。
- 内心深刻的感觉，比单纯的幸福对我更具意义。
- 我对于原创、真实的东西，怀有极深的渴望。
- 我忍受不了平淡的生活；我想做一些戏剧化的事情，想用强烈的感受来增加想象力，去梦想一些我从未实际经历的情景。
- 童年时，我感到自己被遗弃，所以我预期那些在我生命中的人早晚都会离开我；对那些不断令我失望的人，我感到愤怒。我也不太愿意顺服权柄。
- 我容易陷入一波波的沮丧，有时这些沮丧会严重影响我，使我几乎瘫痪；快乐并不是我时常经历的心情。幸福难以捉摸，我不能说自己是个幸福的人。

第五型：旁观型/分析型

这类型的人思想独立，总是置身事外作一个旁观者。他们最开心的就是能住在一座城堡里，高高在上地观看周围世界的动静。旁观者对人际互动很淡漠,不喜欢涉入其中,他们只从自己生命的窗口向外观看。他们能够活得很简单,不花费太多的精力在感情上,也不会依附别人。他们通常对系统性或抽象事物感兴趣,可以成为优秀的工程师或计算机专家。

旁观者可从下面的陈述中看见自己——

- 幸福就是避免生活空虚。
- 幸福就是能对观察到的事物作正确的判断,这样我就不至于无知。
- 我会对别人的情绪感到疑惑;情绪虽然重要,但与正确的"思想"比起来,"情绪"只是次要的。
- 处理生活最好的方式,就是把每件事情分门别类,所以当我能把事情都理出头绪、分别处理好,就是我最快乐的时刻。
- 我常常感到很孤单,没错,但我尽量不去想它;一旦我解决了难题就会非常开心。我喜欢拼图和各种排字的游戏。
- 小时候,我喜欢独处,我会潜入自己隐秘的藏身处;有时我怕处在人群中,更怕说话时在众人面前出丑。
- "隐私"对我的幸福感至关重要,所以在亲密关系中我不容易得到幸福。

第六型：负责型/谨慎型

这类型的人很有责任感，他们一旦对掌权者失去信心，就会觉得自己必须像希腊神话中的阿特拉斯（Atlas）一样，努力撑起整个世界。对他们来说，不犯错很重要，所以他们经常思虑、不轻易下决定，非常小心、不随便冒险。负责任的人喜欢重复使用一套稳赢的公式，他们情愿处理熟练的事务，以显出自己的能干，而不愿意试验新的方法或主动创新。他们其实很畏惧改变，因此总是小心翼翼、严守规条，隐藏在组织的背后和职责的范围里面，以确保安全。

负责者可从下面的陈述中认出自己——

- 幸福系于做一个"中庸"之人。
- 知道自己能运作的范围与权限，就是幸福。
- 我对权威抱有疑惑；我见过太多人滥用权威，也知道别人是多么不可信赖。
- 处理生活的最佳方式，就是先花时间了解各种选择，然后小心负责地去应对。
- 对生活中的许多陷阱和危险，我很清楚，因此我必须谨慎度日，不要采取主动。我要有牢靠的指导方针可以依循。
- 小时候，我受到不少父母的虐待，童年充满了无力感，长大后很怕再受伤害。由于我的父辈喜怒无常，所以我变成了一个无所适从的人。

- 审慎对我来说是一个重要的美德。幸福就是将情感维持在安全范围之内；我讨厌任何形式的出界。

第七型：乐观型/活跃型

这类型的人童年时害怕痛楚，致使他们想表现得开朗乐天、轻松愉快。乐观者的行径好像卡通里永远年轻的彼得潘(Peter Pan)，或像希腊神话里自我陶醉的美少年那喀索斯(Narcissus)。想要"感觉愉悦"的渴望，促使他们爱说笑、爱说话、生气蓬勃、容易兴奋。对他们来说，责任是很乏味的，除非工作上有乐趣，否则工作就缺乏吸引力。他们常显得善变、不可靠。他们的幸福存乎于心，如果态度正确，人生几乎没什么事是不能享受的。

乐观者会同意下列大部分陈述——

- 只要我专注于幸福，就能指望从生活中得到幸福。
- 幸福就是时时对各样事物感到雀跃。
- 保持机智，我就能靠口才替自己解困。
- 处理生活的妙诀是永远保持和善、愉悦，而且只看别人的长处和生活的光明面。
- 我喜欢别人认为我是快乐的人，因为我真的很快乐；我承认自己喜欢被别人羡慕。我对目前的情况很热衷，对未来更乐观。
- 我有快乐的童年回忆，根本不记得有任何让我害怕的事;我脑中只存留正面的记忆。

- 我可能过分贪爱新鲜事,不过,对于在生活中作出正确的选择,却是很认真的。我喜欢脑力激荡,不喜欢枯燥的例行公事。

第八型:强人型/领袖型

这类型的人会避免显出自己的弱点,而表现得警戒、强悍,带有侵略性。强人喜欢与人摊牌、摆平事况。他厌恶别人占他的便宜,不轻易示弱。对他们来说,生命可能是一场奋斗,一旦下定了决心,无论代价如何,都非赢不可。他可能会残酷地把别人从高位上拉下来,必要时会采取报复行动。他们生活的动力是为了保全自己,所以会全力以赴。他们若有强烈的道德感或宗教信念,就会成为狂热的斗士。他们的成长过程通常很艰苦,可能曾被强势的父亲控制,或要面对那些欺凌他们的人,甚至必要时被迫出手还击。

强人可从下面的心态中认出自己——

- 幸福在于自己照顾自己,不让别人踩在脚底下。我笃信公义;何时有不公义,我一眼就看得出来。
- 幸福也是保护地位在我之下的人,让他们受到公平的待遇;我喜欢服务他人。
- 我不怕与人对峙;其实我还蛮喜欢挑战的。
- 我认为自己是个脚踏实地的人,因为我看重务实,对那些天马行空、满脑幻想的人,我没半点耐性。

- 我承认自己会毫不客气对待那些侵入我地盘的人。

- 童年时,我必须和不公平的境遇奋斗。遭遇不公平的情况时,我不会显露自己的感受,这是我引以为傲的,因为除非我显得刚强,否则别人不会尊敬我。

- 真实和清白对我来说,是重要的美德。为了得知真相、寻求正义,我会据理力争。大发义怒有时确实可弄清真相;发脾气本身没什么错。如果无辜的人受到不公平的待遇,为他们而战绝对是合理的。

第九型:协调型/和平型

这类型的人努力避免任何冲突,以维持和谐的气氛。和平的协调者情绪比较温和,容易认同别人的利益,愿意付代价促进和睦,所以他们很愿意帮助人。他们喜欢依照惯例办事,不轻易激动,但也比较容易懒散。他们分辨事情的"重要"或"非重要"的能力很差;但是他们一旦确定了价值观,就会固执地牢牢守着。他们往往在童年时期受到忽视,或常常处在"紧张"的场合,因而学会了一种应付之道,就是退避、让情绪沉睡。

协调者会同意以下的陈述——

- 幸福系于免去冲突。

- 我最幸福的时候,就是不必面对挑战或选择的时候;

在熟悉的例行公事里生活,能给我安全感。

- 有些人认为我太随和。我不是热情洋溢的人,我也不喜欢在任何事上浪费精力。让自己心烦是划不来的,何必自寻烦恼呢?

- 我认为自己是个平稳的人,很低调,没有野心,也不需要在任何事上出风头。

- 有时我会陷入牛角尖,需要别人拉一把,帮助我重新上路。

- 小时候,我发现自己总是动辄得咎,所以最好的方式就是采取低姿态,不让别人注意到我。我排行中间,上有兄姊、下有弟妹,遇事有他们"上火线"就够了。

- 我承认自己有点松散,但我也是个忠诚的朋友。对我来说,幸福就是全心全意地去爱人。

以上九种人格类型所代表的各种情绪,是根据中世纪基督徒极力克服的足以致死的七宗罪,再加上另外两种:表现型里面的欺骗,负责型里面的惧怕。下面所列出的,依序为各类型人格中的强烈情感:(1)愤怒,(2)骄傲,(3)欺骗,(4)妒羡,(5)贪婪,(6)惧怕,(7)贪食,(8)欲望,(9)懒惰。

而容易导致人陷入成瘾生活的情感陷阱,也是依照同样的顺序:(1)完美主义,(2)行动主义与服务他人,(3)效率或成功,(4)浪漫主义,(5)求知,(6)能隐藏惧怕的自我安全感,(7)导致贪婪和沉溺的理想主义,(8)傲慢的欲望,(9)懒散或怠惰。

这些情感导致我们为幸福的定义设定了一些片面条件。在本章后面,我们还要谈到"平衡的美德",以帮助我们改变有关幸福的体验。

个人幸福的动力学

一个人对福祉的寻求方式会因人格类型而异。通常,人对外界的反应可区分为以下三种。

第一种反应：攻击、侵略

完美主义者、表现者、强人都属于此类,他们以敌对别人的方式来寻求快乐。完美主义者的侵略性表现在发现错误就立即纠正别人。表现者的侵略性表现在要让别人看自己是成功者;当他们塑造了正面的、成功的形象,给别人良好的印象之后,他们就很快乐。强者总是企图掌控别人、控制局面;他们喜欢运用权柄,这是他们感受快乐的秘诀;他们的谬误是自以为大过世界,以为可以靠自己处理万事。这三种具有侵略性的人都显露出,他们设定的幸福条件与他们情绪之外的现实世界之间隔了一道鸿沟。

第二种反应：接受外围世界

这是施予者、负责者、乐观者的特性。这三种人格的人都必须调整自己去迎合外界,以获得幸福;他们接近别人,在别人的认同中寻求快乐。施予者会借着"照顾"去主动接近别人，甚至到了需要感受"被人需要"的地步，喜欢在别人的感激中寻得快乐。负责者则是在满足别人的要求中寻得快乐；不过，他们也会因为自己对"失败"总是有警觉和忧虑，致使幸福感大打折扣，所以幸福成了一种复杂的情绪。乐观者则觉得世界太大了，远非自己所能掌握，因此他们只希望能愉快地活在其中就够了，认为这就是幸福；他们尝试乐观地看待生命，将所有不愉快的、痛苦的事都抛诸脑后。

第三种反应：从世界中退缩

由于世界太大、太复杂，让人无法应付，所以"防卫"是他们唯一觉得恰当的反应。浪漫主义者、旁观者、协调者都具有这类特性。浪漫主义者觉得他们既已错失良机，就要等待下一个机会，在等的时候，他们的幸福就系于这种期待的心情。他们相信自己的独特性多少会带给自己非常"特别"的未来，很容易用不切实际的方式看自己。至于旁观者，他们很讲究"整齐"，把人的心智当作一个档案柜，每一样事物都要经过研究，然后归类；当别人侵入他们的心防、用不同的方式看待生命、颠覆他们一贯的观点时，他们就会有防卫性的反应。协调者看重"和谐"而非"正确"，他们愿意为和平付上任何代价；他们也多少意识到，别人认为他们的幸福观平淡乏味、不精彩。不过，他们已认定"和谐"才上算，对他们而言，幸福只是一件无关痛痒的身外之事。

这些人格特性如果发展过度,会导致态度上和人际关系上的不平衡,例如,第一种反应中的侵略性如果变得更强,傲慢就会植得很深,这也会增强他们的虚假盼望,以及伴随而来的一些错觉。当侵略性转为妄自尊大时,他们会从人群中退缩,最终导致深深的绝望。

第二种反应中的依赖性,也容易堕入相同的陷阱,他们因为意识到自己活在虚假的盼望里,而迫使自己移向一种更具侵略性的社交方式,到后来才发现,傲慢的态度已使问题变得更加复杂,只剩下自己那缺乏印证的自信。

第三种反应中的退缩性,让他们想倚靠别人来克服自己的绝望,这样就会使他们本身的问题更复杂。虚假的盼望会使他们的情况比以前更糟。

人的基本动机源于人的出身与童年境遇,但这些只是提供给我们片面的影像,以帮助我们界定完整的幸福究竟是什么。我们的自我感觉总是受到两方面的制约,一是自己受伤的经历,二是对自己不健全人际关系的感知。

谈到幸福,最关键的问题是:"该如何从自己人格类型的束缚中解脱出来,并且找到真正的幸福?"后面将进一步探讨这个问题,不过,首先我们需要检视文化所造成的一些影响,以及文化的历史根源,因为这些仍然深刻影响着人们对幸福的认知。

第2章
在街头寻求幸福

人类有各种不同的人生目标,其中危害最大的,莫过于"追求幸福"。"幸福"在最后一刻,几乎是偶然地,溜进了美国的《独立宣言》,与"生命"、"自由"一同被列为不可剥夺的权利。幸福就像一只小鹿,敏捷又美丽,你若是追捕它,它就变成了惊惶可怜的猎物;你若是杀死它,它就变成了腐肉一块。

——马尔科姆·马格里奇

唱歌是人类表达情感最自然的方式之一;人们在冲澡时唱歌,在工作时吹口哨,在慢跑时听自己喜爱的音乐。流行乐、爵士乐、摇滚乐都可让我们听到街头跳动的脉搏,看出社会的价值观与追求。如果我们开始在当代世界追寻幸福,街头音乐的歌词有不少内容可让我们了解大众文化。

街头音乐的歌词意涵

一般人可能已不再自编自唱,但是最受大众欢迎的歌曲则可揭露整体社会的普遍心态。爱情,向来很容易成为流行歌曲的主题,它经常被"放大",甚至让人以为能胜过实际的问题。流行歌曲也不经意地传达了大众文化中的一些信息,例如性滥用、对女人的性剥削,或是描绘如何耗尽人生去追求虚无缥缈的东西等等。

浪漫音乐创造出属于它自己的扭曲幻觉,使人进入梦想,再经历挫折,最后感受到绝望。因着将生活理想化,对生活作了不切实际的要求,而当这些要求无法满足之后,就会产生挫折感,最后导致堕落、绝望。所以,我们透过这些追求幸福的歌词进入街坊,将会看见,许多的追求往往是一场自我挫败的游戏。

美国摇滚歌星斯普林斯汀(Bruce Springsteen)是二十世纪最受欢迎的歌手之一,他的歌传达出一种信念:平凡人也能为自己找到真实的东西。他虽然是世界级的超级巨星,却像是我们的朋友,是"站在我们一边"的人,扮演着一个紧张、笨拙、初探人生的青年人角色;对许多人来说,他代表一种"真实",代表许多人渴望拥有的重要价值。他不满资本主义在这个不幸福的世界里所造成的负面影响,他称颂"平凡"而非"特殊",他歌唱的都是平凡的生活,以及普通人对生活的厌倦和疲乏。

斯普林斯汀有一次提到自己辛苦工作的贫穷父母,要他去"为自己获取一点东西";殊不知,他想要的不是"一点"而是"所有的"东西。这句话说中了现今人们的心境:我不是只要一小块饼,而是要整张饼!

街坊里追求幸福的普遍经验是,爱情与自由起初好像很相容,但后来的现实却不是这样:如果我的女朋友也拥有自由与爱情,那么,她对自由的追寻就可能使她从我身边飞走,我便失去了爱情与自由。斯普林斯汀的歌继续听下去,就会发现更深的迷惘。他先是看见发生在他父亲身上的一切而感到深恶痛绝,说:"父亲一生经历了太多挫败,他失望透顶,完全不能接受我有梦想、有机会;父亲认为我想要的东西都愚不可及。"

爸爸忙碌一生
却只换来痛苦;
他在空房间漫步
四处寻找出气筒;
"你生为罪人,你配得烈火"
亚当把该隐养活

在《雷霆路》(Thunder Road)这首歌里,他说:"答案就是走出去,走到街上,走到人群中,最后驾一部马力十足的汽车扬长而去。"这个行动是奔向自由的象征。在二十世纪六十年代,对许多人来说,僻静的巷弄、汽车的后座,都象征着性自由的开始。

　　你可以躲在你的掩饰之下

　　细察你的伤痛

　　把你的情人变成你受难的十字架

　　把玫瑰花丢弃在雨中

　　浪费你的青春,去做毫无意义的祷告

　　祷告一个救世主从这街区出现

　　是的,我不是什么英雄

　　这显而易见

　　我所能提供给一个女孩的救赎

　　只有这个肮脏车篷底下的车子

　　怀着把一切变好的希望

　　嘿,现在我们还能怎么样呢

　　我们还有最后一个机会

　　将理想化为现实

　　将车轮变作腾飞的翅膀

　　坐进我汽车的后座吧

　　天堂就在路的尽头等着我们

但是,"当美梦幻灭"、"遥望星空"的时候,跑车飞驰的快感,来得容易,失去也容易,最后陷入绝望的危险。斯普林斯汀下了一个结论:"人,生来就要奔跑。"他唱道:"白天,我们在街头汗流浃背,为了疯狂的美国梦;夜晚,我们在自我毁灭的机器中,穿过壮丽的高楼大厦。"但是,"公路上挤满虚弱的英雄,这是最后一次机会。"因为,"你穷己一生,等待一个从未到来的时刻。那么,就别再浪费时间等待了。"人的决定会影响他们的人生道路,但他们也应当承担相应的责任:

你自行决定,你随意尝试。
至终却要为之付上代价

这种"平凡人缺乏生活意义"的印象,在斯普林斯汀后来的专辑中表现得更加深刻。但它们还是神秘地抓住一个信念:也许在某个地方,还是有什么东西可以相信。然而,在生活的压力下,崇高的希望被摧毁殆尽,梦想被苟活的忧惧推到一边。最终,暴力、罪行、监狱、破碎的人生,变成了他歌曲中最突出的主题。

这样的信息越来越清楚,起初是将性爱解释成个人自由的表达,接下来是对性爱的渴望到了成瘾的地步,但彼此之间却毫无承诺,这就导致对肉体的需求更加渴望,最后变成一种脱不开的捆绑,变成不自由了。人在绝望无助的心境下,很容易陷入滥用药物或毒品的景况。

对渴求毒品社会的指控

"上瘾"已经变成这个时代的主要社会问题之一,其中毒品滥用对健康危害尤巨。但是,有关成瘾和治疗瘾癖的整个领域却充满了困惑。若要认真讨论如何追求幸福快乐,却不尝试了解毒品议题,是行不通的。虽然这在与幸福相关的议题上占有中心位置,但令人感到希奇的是,只有极少数的教会关注毒品成瘾与滥用的问题。在大学里也是一样,虽然哲学界在传统上很注重幸福的意义与幸福人生的重要性,但对这时代的毒品危机居然也默不作声。这样的静默显露出成瘾的真正问题所在,那就是我们拒绝面对人类的真实光景——充斥着各种需要和恐惧。

我们常会以为吸毒是近代的现象,起初是在二十世纪六十年代由校园领袖欧李锐(Timothy O'Leary)等人所推广,后来越战期间在美军中被广泛使用。但事实上,人类从古至今一直都在试验迷幻药物,古时候在近东地区,三四千年前的苏美尔泥板中就已经提到海洛因;古希腊诗人赫西奥德(Hesiod)在公元前八世纪提到一座邻近哥林多的小镇尼可米,这名字的意思是"罂粟之镇";希罗多德(Herodotus)、希波克拉底在公元前四世纪也曾论到鸦片的医疗用途;瑞士医生帕拉西撒(Paracelsus)在十六世纪就调制鸦片酊。

吸食鸦片可以追溯到至少十七世纪，而 1840 至 1842年爆发的"鸦片战争"，就是因为中国禁止输入鸦片而引起的；当时，鸦片销售成为英国获利极高的一项贸易。弗洛伊德(Freud)更是极力赞成使用可卡因；在 1230 年甚至更早，可卡因在安底斯山区广被使用，印加人知道它；乌羽玉仙人掌(peyote)早就被印地安人采用，而大麻则在公元最初几世纪就已从中国传到了印度。以上可见，迷幻药物在古时候就有很多使用了。

所不同的是，当今毒品贩卖和成瘾的范围大大增加了。非常不幸，今天世界上有几百万的人吸毒成瘾，而且因为制毒手法不断翻新，使上瘾的人数节节高升。以往的文明是在宗教仪式中使用迷幻药物，而世俗的西方文明是为了自身而使用这类药物。法国小说家马尔罗(Andr Malraux)曾经指出：西方文明是最先企图建造无宗教文明的。因此，吸毒虽不是史上新事，但是近代世界的毒品意识之强，则是史上其他文明无法相比的。

更广文化的产物

现今世界在毒品使用上的混乱，源于我们在这冷漠、爱算计和科技挂帅的社会中，压抑自己的情感。除了毒瘾最为严重之外，我们也使用着广义的鸦片，例如茶瘾、咖啡瘾、烟瘾、酒瘾、性瘾、赌瘾等各种瘾头。我们的社会变成了一个抑制痛苦的社会，人人都认为自己"有权利不受痛楚而拥有健康、享受快乐"。整个社会都认同人可以对一些活动或娱乐产生"依赖",诸如填字游戏、打牌、看球赛、做运动、开派对、看电视、买彩票、服用止痛药、饮酒、使用安非他命,以及冒更大的风险尝试迷幻药和麻醉毒品等等。

追求快乐是人类行为的基本动力之一,而且是完全正常的;享乐能帮助人抵抗无聊、沮丧和冷漠;不过,如果过度追寻享乐,将此当作每日行为的一部分,享乐本身就会扭曲人的情绪。就像其他任何事物一样,享乐也是要付出代价的。如果人们假设享乐是一项权利,那就很容易滥用它。

吸毒者一开始为什么会接触毒品呢?他们说,主要理由是尝尝看、过一下瘾,或是出于好奇,或是因为朋友都会;还有一些原因可能在一开始甚少被提及,那就是一旦上了瘾,所引起的痛苦和伤害逐渐浮现之后,所有的人生悲惨就倾巢而出,诸如自身的孤单感和疏离感、失去家人的支持、对别人失去信任等等,这些都是使人愈陷愈深的开端。吸毒者为满足毒瘾,常被迫从事犯罪行业,带来更大的问题;随着时间过去,服用毒品的快感会慢慢消褪,最后,吸毒者就要面对毒品对情绪造成的严重副作用,以及想努力除瘾的挣扎痛苦。吸毒者通常不了解,这种需索强烈快感的欲望,是因为他自己原有的性格失调而导致的。人很自然地会把自己的家庭背景"正常化",却未体认到自己可能因为缺乏爱、与父母不亲近、没有情感上的庇护和安全感,而对自己产生了很大的冲击。很多人也不了解,电视和各种大众媒体已经如何运用大量的刺激法天天轰炸我们、影响我们。

吸毒文化是对更广文化的一种直接响应。人们学会了不加批判地接受一种观念——"做你自己的事",并且用宝贵的生命去做实验以开发自己的私人世界。这种观念直接导致文化的转变——大多数人生存于其中的一般的、与道德无关的文化,变成一种令人难以自拔的吸毒文化。

我们渴望接触到"真实的"东西,我们渴求能更多意识到自己的良知,我们坚持有更大的自由,我们对这个"喜欢速成"的社会感到不耐烦,我们认为自己有更深的潜能……这种种的想法也是间接促成近代吸毒文化的因素。

回应吸毒文化

吸毒成瘾不是件容易解释的事,它的起因不止一个;要防止毒品滥用,也不是单靠一套方法就能奏效。事实上,警铃愈响,显示问题愈大。尝试防止毒品滥用的相关研究与文献,也可能无意中促使社会对毒品的感觉和功能更加好奇,甚至着迷。

我们必须承认,现代社会认为技术能"解决各种问题"的信念,其实又引发了另一个信念,就是"相信毒品也可以解决任何问题"。很多人以为只要有"工具"便能个别"处理"自己的需要和欲望,但是,这也等于暗示:每个人都有权利去做自己想做的事,去解决一切有必要解决的问题。因为这基本认定——用"正确的技术"可以改变任何事,所以跟着也提出了承诺——毒品可以改变万事。当人们觉得这个世界太过严酷、痛苦的时候,另一个靠化学物质引入的世界就变成了吸引人的选择。

如果吸毒文化是从更广的文化中萌芽的,那么,这个更广的文化必须改变,才能让人们对毒品的依赖性逐渐消失。如果我们想看见毒品充斥的现象消失,就必须切实地检视商业广告、电视和政治宣传的整个气候,因为吸毒成瘾也是人们对整个社会、思想和生活的一个控诉方式,甚至也是对世俗化、肤浅的信仰生活所产生的另类控诉。

可惜,西方文化一直不去做根本上的改变,反而以一种典型的方式来回应毒品的问题,就是寻找"正确的工具"来解决问题。政府自然是选择从政治上来解决,最明显的方法就是打击毒品的制作与流通系统。这在二十世纪六十年代的土耳其发生过,也在七十年代东南亚的金三角和八十年代的哥伦比亚、秘鲁、玻利维亚发生过。许多机构呼吁大众要注意家庭破碎、家庭丧失社会角色等问题,还有一些机构已挑起更艰巨的担子,试图消除人们的烟瘾和不当的饮食,并传递健康、正确的观念与态度。

不过,许多方法都没有掌握到成瘾的根本原因,也没有正视城市化、科技的力量、攀比心态对大众造成的可怕影响。只要人们继续追求享乐、继续相信自我陶醉的自由、继续缺乏对弱势群体的关怀,社会上的各种成瘾现象就会有增无减。

拆除了"刹车"

当代困境中最致命的因素是"放纵"、"孤单"、"缺乏爱",它们形成了一份有毒的混合物,这是现今吸毒文化的直接肇因。放纵的意思是"没什么不能做的",而在一个缺乏人性的世界里作宇宙孤儿的感觉,则会引致强烈的绝望,这时,所有标示人类正常行为的界线(刹车线)就会开始消失。

最先消失的是"个人行为的界线",随着一而再、再而三的犯罪冲动,界限被一一破除;本来饶富意义的讨论及其依据的界线一旦消失,人便无所依附,好像航天员那样,整个人飘浮在无重力状态中。接下来,受到攻击或被占领的是"人格的界线",人经历到身、心、灵的分隔,好似自己真的被挤出界,使理性认知不再连贯,自己与内在的情感也脱了节;而别人看起来又真又假,彼此的承诺显得空洞。格洛丽亚(Gloria)就有过这种经历,她深深感到自己变成了一个陌生人,对周遭的人更是如此:

我被自己的情况弄得很糊涂,也被自己弄得很糊涂。到底是谁和谁在那里冲突? 自己和自己,成了两个不同的身份,这怎么解释呢? 哪一个自己是真正的我? 这两个自己不停地对话、辩论、彼此争权,一个提议一件事,另一个就企图拦阻；一个显然是良善的，另一个则不是。最恼人的是，虽然这种争斗都是在我里面进行的，都与我有关，但我却无法控制。我怎样才能达到自我合一呢？我如何应付同一个身体中两个相争的心意呢？

然后，我感觉自己毫无价值的这种痛苦，淹没了我，泪水流到干涸，而我瞧不起我的眼泪。别人应得的，远远超过我能提供给他们的。有时候，我好想做一些有价值的事，成为一个有用的人，渴望到一个地步，连我的心都感到疼痛了。其他时候，我不明白为什么即使阳光普照、事情顺利，我却仍然一味沉溺在自省中，于是，我再次坠入那种难以表达、侵蚀人心的情感里面。我感觉烦躁焦虑、不满足、受羞辱，觉得自己像个贸然闯进人类生存领域的入侵者，活得力有未逮、一无是处，简直无药可救了，因为我不管做什么都弄得一团糟。

即使是很珍惜的爱情经验，也都一个个化成灰烬，亲密的关系反而变成了一种侵犯。我挣扎在追求纯洁和公义之中，也挣扎在享受罪中之乐的诱惑之间，充满了挫折感。为什么我必须一直被不完美所捆绑呢？

像这样的思绪，大部分人是不敢这么清楚表白的，也不会写进日记里。然而，这些都是存在于内心的真实状态(尽管人们并未认识到)，以混乱、愤怒、渴望、绝望的各种姿态出现。但是他们仍然不断地微笑和装腔作势，表现得好像这些感受并没有在他们身上发生过;他们对别人耍手段,知道别人也在与他玩花样,偶尔,面具裂开了,再换上一副新的面具。

寻求绝对的快乐?

在二十世纪六十年代,那副新面具就是"任意的爱"。那时代到处喷发着"爱",好似喷洒芳香剂一样,有"做爱派对",无节制的纵欲,也有以延伸家庭或以社团之名而出现的集体式爱情。与这种"任意的爱"并行的是"绝对的自由"——"只要我喜欢,有什么不可以",随时、随地与自己喜欢的任何人,做自己喜欢的任何事。任意的爱与绝对的自由,会产生绝对的怠惰,完全不依时钟作息,想睡就睡、想吃就吃,随便吃些零食,紧随而来的,就是经历完全的贫困缺乏,在离开老爸的信用卡所筑成的安全网之后,靠自己挣扎着活下去。

这种抛弃界线的生活方式,替那些寻求绝对享乐的行径大开方便之门,使教育被丢在一边、道德完全销声匿迹,而新的感官能力却被"化学奇迹"开启了,并导向一个所谓的"极乐境界"。毒品引发的"奇迹"让人发现了"第六感",反倒让原本正常的知觉被视为"盲目"了。

这好像是另一场哥白尼革命,或是另一个哥伦布发现了新大陆。这场革命被现代人称为"意识的扩张",但可悲的是,吸毒者不知道这其实只是"意识的移位",而非真正的扩张,它早晚会将人引向萎缩与死亡,一场由过量所带来的毁灭。

凯文就是在这种吸毒文化中走上了这条道路,他不像前面所形容的嬉皮士那样吸食过量,他只使用少许毒品。凯文在主日学里听过耶稣基督,十二岁信主,但他目睹过的基督教模式令他很失望。他过着沉闷的中产阶级生活,又肤浅不知反省;这种生活方式是比他"更行"的人已经安排好的,非常表面化,禁不起一点检视。结果,凯文开始探讨其他的宗教,因为那些宗教似乎比他在教会和家里接触的基督教"更有深度",于是他沉浸在存在主义文学中。

黑塞(Hermann Hesse)所著的《流浪者之歌:悉达多求道记》(Siddharta)引起了凯文对佛教的巨大好奇心。辞掉了工程师职位后,凯文远赴东方求道。在阿富汗,他成了吸毒文化的一分子;在印度教的一处修行所,他学习瑜珈和冥想。"他们给我开启了一个我前所未知的精神方面的现实世界。许多旅伴都在追求生命的灵性意义,而这正是我的背景中付之阙如的。我记得,当看见一些聪明的年轻人坐在大师脚前,吸收所谓的'属灵真理'、聆听着《薄伽梵歌》(Bhagavad Gita)那种故事,却完全拒绝看圣经,认为圣经不过是神话时,我不禁大感讶异,因为那些大师所说的故事虽然引人入胜,却只是前科学时代的作品,并非完全能信的内容。"这让凯文警觉到,有一些界线是他不愿意跨越的。他又补充道:"当时那些不设任何界线的人,现今已不在人世了。"

LSD迷幻药曾让凯文得到一些灵性方面的经历，即所谓的"意识到神"，这是当时他与一些朋友共同关注的事。但即使在那时刻，"我知道这也许是一个不该用的冒牌钥匙；或许是因为我还没准备要领受这种经历，又或许是因为灵性上还没预备好要进入内在世界。"

后来，凯文开始看到，从正常用药转变成滥用，这个转变本身其实就是把药物从感觉的门径，变成了逃避现实的方法。在一些委身与上帝同行的基督徒朋友帮助之下，他终于明白，借着日常生活中的真实友谊之助来走这条通往上帝的朝圣旅程，远比经由那充满自毁危险的吸毒路径可靠得多。当他回到教会过正常的基督徒生活之后，就有了更新和更高的敏感度，对生命也有更深的体会，他的信仰也更为整全了。像凯文这样从吸毒经验中全身而退的人，并不多见。

幸福与身体感受

凯文探险吸毒，是出于一种妄想，以为借着"脑袋失灵"就可以发现属灵真理！如果以为真理是经由化学产生的错觉而显露的话，那表示，人真是完全糊涂了。

不过，在理智运用、感情投入与幸福经验之间，确实存在着关联。所有不幸福的人是共同缺少了一个要素，就是"投入"。当人愿意投入感情时，就会从人际关系和经验里得到幸福，感情投入得愈多，回报也愈多；感情投入得愈少，满足感就愈低。如果我们从家庭、工作或某些活动中退出，置身事外，也会产生不满足和不快乐；我们也不用奇怪，为什么那些主张"不带感情，只重技术"的人，会导致深深的不快乐、不幸福。

不幸福，并不是幸福的反面状态；幸福与不幸福，不是同一种情绪的正、反两面，因为两者的感觉是可以并存的，就好像爱、恨两种感觉可以交织在一起。所以即使能避免或减少一些令我们不幸福的事情，也不会因此自动使我们得着幸福。有些人生来就不幸、不快乐。同卵双胞胎不快乐的程度很相近，这种情况常多过异卵双胞胎，这表示，幸福快乐感是有基因成分存在的。不过，没有人是生来就自动幸福快乐的，幸福乃是后天获得对快乐的知觉，它存在着与社交互动的关联，也胜过与任何可控制之环境的关系。而且，我们的幸福和不幸福似乎会自我实现，心情好的人比较愿意与人交际，因此增加了他们的幸福感；不开心的人则容易孤立退缩，这就进一步加深了他们的不快乐。

这导致了一个相关的问题："幸福感有生理基础吗?"近期有研究显示，人体里确实有一种化学元素会让人感觉舒适，那就是内啡肽（endorphins，安多芬），它是人体内的天然鸦片剂，由脑下垂体制造，与吗啡有相似的化学结构，不同的是它的效力比吗啡强约一百倍。痛楚和运动都能使人体释出内啡肽，这就是为什么体能锻炼（尤其是激烈运动后）

能使心情畅快的因素,也解释了为什么有一些人会运动成瘾。创意也能启动内啡肽的产生;不论是生活目标、创造性或积极的态度,都能使人更多享受到幸福的感觉。

人体神经把痛苦和快乐传递给大脑。不过,性革命者所相信的"快乐动情区"并不存在于人体中;性的满足和快乐感是由许多因素组合而成的,而且依赖双方的共同参与。这些因素包括时机、零压力状态以及当下的情感回应等等。这条间接通往中脑内部、使人经验快乐的途径,一旦遇到药物,就会阻塞。但是,人体的生理组成因素本来就不是要人直接通往这个快乐焦点的。这就好像在玩高尔夫球时作弊一样,从第一洞直接走到最后一洞,过程中一切有助于快乐的知觉、情绪和感受都被省略跳过了。快乐是与整个人的生理舒适相协调的活动状态所产生的自然副产品。

人一旦达到了快乐的感觉,即使再添加同样的刺激,也不会制造出更多的快乐。一个人肚子饿时,会觉得每一样食物都很美味,一旦吃饱就不想吃了;吃十杯冰淇淋圣代,并不可能产生一杯圣代的十倍喜悦! 因此,过度的性活动不但不会增加快乐,反而会减少快感;过度消费,无论是何种形式,也绝不会增加快乐。过度"制造快乐"只会让结局更加烦闷无聊。

这就是为什么吸毒者为了要维持先前快感的层次,而不得不逐步增加毒品用量,从而给身心造成越来越大的伤害。在路易斯(C.S.Lewis)的《地狱来鸿》里,大鬼劝告徒弟说:"诱惑人类堕落的妙方,就是使人对逐渐消失的快乐感再生出更多的渴求。"

追求幸福与自我挫败

这一切都显示出:幸福本身并不是"目的",而是人类活动的一项自然副产品。好事不会莫名天降,而是人诚心行善的结果。我们在生命态度和情感投入上的正常与平衡、人际关系的良好、身心的健康、愿意舍己利他、能满足智识上的要求、有价值的工作,以及——最重要的——真实有意义的信仰(能涵盖我们生命的每一部分),这些才能让我们成为真正幸福快乐的人。

俗话说:"爬得愈高,跌得愈惨。"有人曾用老鼠做实验,将电极放在老鼠大脑中刺激快乐知觉的部位,然后把老鼠放在三根杠杆前,如果老鼠压第一根,食物会滑出来;如果压第二根,会有饮料出来;如果压第三根,则会启动电极,令它得到短暂的快感。老鼠很快就学会区分这三根杠杆,然后,它们就只不断地压那一根带给它们快乐的杆子,直到自己饿死、渴死。快乐刺激法实际上杀害了它们! 因为这种方式能让它们直接得到强烈快感,所以就不处理饥渴之苦。这是"直接索取快乐"背后的根本错误! 一心只想追求快乐,等于忽略了人性中本来拥有的丰富与层次。

单单以寻求快乐作为目的,会错失作为一个人的各种意义。患有性神经官能症的病人,他们无法得到性快感的原因,就是只想直接获得快感。这也正是现今把"性"商品化的结果,它剥夺和污辱了人类的荣美。人一味地为自己制造快乐,最终只导致了自我挫败,真是自相矛盾啊!

这种矛盾是现代文化产生出来的幻觉,使人相信"自我满足"是一件可以推销的产品,可以和"恰到好处的芳香剂"、"合适的职业"、"对味的配偶"、"合用的汽车"等产品一起购买!这样一来,反而加速造成了前面提到格洛丽亚所经历过的那种虚空。如果专注于追求快乐这件事,那么,它就愈容易消失或不真实;只有当人摆脱这种专注于自己的控制时,才会得着真正的幸福,也只有在这时候,人才能享有真正的存在形式。

这样看来,可靠的幸福处方就是为别人活,而不是专为自己活。那么,人要追求幸福的这种想法是从哪儿来的呢?

追求幸福的权利

说来奇怪,追求幸福是人与生俱来的权利,这是美国第三任总统杰斐逊(Thomas Jefferson)说的,他在 1776 年起草《独立宣言》时把"幸福"写了进去。杰斐逊在一封信里提到,这个想法不是他原创的;稍早时,梅森(George Mason)就已经在《弗吉尼亚权利法案》的宣告中说了相似的话;更早之前,怀斯(John Wise)也表示过"政府的主要职责是照顾人民的幸福"。因此,"追求幸福的权利"这个要求,起先是政府对民众的责任,而不是后人所误解的"个人权利"。

1774 年，怀斯辩称，政治契约的整个宗旨乃是"保障并增加被统治者的幸福，其后果是，整个社会的幸福成为每一个政府的首要定律"。这就直接导致了一个观念：民主是能够增进最多人拥有最多幸福的政体。这其实是根据一些未道出的假设，以下要一一讨论。

第一项假设。18 世纪的世界已经不是中世纪了，人们不再受教会或政府控制，可以自由地为自己打算。就如哲学家康德所说的，人民有"勇于认知"的自由。这种思想革命培养出"人权"的新观念，表达在法国大革命时所提出的"自由、平等、博爱"之中。在美洲的广大土地上，这些"权利"被诠释为幸福、自由和财产，其中更以财产为主要基础（每一个垦荒移民都有权利拥有自己的土地）。美国革命作家迪金森（John Dickinson）在 1776 年宣告："让这些真理深深印在我们心中——没有自由，就不可能有幸福；没有财产自由，就不可能有自由。"

又如洛克那些领袖的思想："一个人的财产是人格的延伸，因此，一个人的财务状况就是他幸福的指标。"这种普遍的信念如今更强烈了："我们所拥有的东西，就是自己幸福的指标。"在那个年代，幸福是系于拥有财产；今天，幸福是系于消费物质产品。因着这两种信念，现代社会普遍通行的想法是：幸福等同于物质丰裕。

第二项假设。他们以为自己知道幸福是什么，但事实上他们并不知道。1821 年，纽约州大法官肯特（James Kent）

在该州制宪大会上演讲时曾表示,美国的富裕是上帝称许的记号,这本身能带来幸福。他说:"我们在这么昌盛富足的景况中,拥有如此丰富的幸福资源,如果还觉得不满足,那未免太不知感恩,就好像在质疑供应我们所需的上帝的良善,这样岂不陷自己于'丧失既有祝福'的危险中?"肯特的这番话显然是表明:"去盖更大的仓房吧,快快乐乐地过活,用这种方式表明你感谢上帝慷慨的供应。"但事实上,这种想法违背了主耶稣比喻那无知财主的教训;无知的财主努力地把自己安顿妥当之后,准备舒服地享受他的财富,然而,主却说:"无知的人哪!今夜必要你的灵魂,你所预备的,要归谁呢?"(路 12:20)

整个十九世纪,追求幸福快乐逐渐成了"个人权利",而且每个人都以自认合适的方式来解释什么是幸福。在中世纪,权利与义务是并存的,但在现今世代,权利与义务已彼此脱钩了。问题是,民主社会中的人如果都可以自由地依照自己的喜好去追求幸福快乐,那么,国家最后必定变得难以治理了。这正是目前民主社会的走向,分裂成众多的小利益团体,彼此矛盾,互相对立。

我们如果思考近代这种对"自我权利"的强调,就会发现,历史上从来没有任何社会曾经尝试过这样生活,有着如此强烈的个人主义或自我关注。现代人诠释的"人权"观念,在从前的社会,例如中世纪时期的欧洲、古希腊罗马世界,或是希伯来、阿拉伯、印度和中国的文化里,都是不可思议、无法理解的事。这种促进每个人各自去追求自我的幸福与坚持，只会带给今日世界更多更大的混乱和困惑。

第三项假设。他们说，提供给人们幸福快乐是政府的责任。但这是由理性代替了上帝所产生的责任。事实上，如果没有上帝，人行事就没有终极目的。十八世纪的信仰，是代替上帝的一种世俗信仰，那是对"进步"的信心；到了十九世纪，则是对"进化"抱着信心。这样的想法在过去一个世纪里，已经造成了许多严重的后果。当时，专制集权凭着自认合适的方式来解释他们自己的未来；希特勒时代的德国、斯大林时代的俄国都是如此，结果给人类带来了巨大浩劫。

此外，人活在资本主义世界中，如果不肯让上帝治理，那么，玛门（财利）很快就会取代上帝的位置。正如牛顿的万有引力显示出行星运行的规范，贪婪之律则管治了市场的运作一样。人类的贪心，恐怕有一天会导致全世界市场完全崩盘，再也无法挽回。如果每一位政府领袖也按着自己的喜好去追求幸福，那么，民主制度本身岂不岌岌可危？我们的结局，是否会像那些最终被饿死的老鼠一样？因为我们也已经上瘾了，需要不断地去按那根会带来快乐的刺激杠杆。

幸福：超越自我

从前面我们看到，追求幸福的路径是一个死胡同。幸福并不是人可以掌握和持有的一种商品，幸福也绝不会变成人可以拥有的财产。美国伟大的作家霍桑（Hawthorne）将幸福比喻为蝴蝶，你追它的时候，它就飞走了；但是你若只是静静地坐着，专心做别的事，它反而会飞来，停在你手上。幸福不是自然就具有的恒常状态；幸福是件额外的礼物，我们从自己的身体、情绪运作的方式，都能体会到为什么这样说是正确的。如果我们一直相信，幸福系于拥有越来越多的东西，就只会助长当今毒品成瘾的社会气候，而长久以来的历史足已让我们看见，奢华风气终必导致衰败，甚至死亡，这是罗马帝国败亡的主因，而现代西方世界如果仍然持续奢华的愚行，也将难逃同样的命运。

这样说来，我们没有幸福的权利；但若我们将注意力转向外在关系时，反而会找到自己的价值。这些外在的关系，包括我们对别人应尽的义务，我们自己擅长的任务，我们为了别人而承担的责任，以及为别人（群体）的福祉而付出和投入情感等等。很多年轻人往往在人际关系上出现困扰时，容易被毒品吸引，以减轻他们疏离感的痛苦。然而，全神地关注自我只会加深孤寂感，把人变成孤单群体中的孤单个人。

"只做自己的事"至终会导致绝望，因为人无法掌握自己究竟是谁。"只做自己的事"这句劝告很模糊、漫无目的，好像那些长期住在赡养院或疯人院里的人一样，那里至少还有门卫看守着，确保大门紧关；然而，当你大肆挥霍金钱，包养情妇,驾着保时捷跑车"做你自己的事"时,你可是为社会增添了疯狂啊!

如果追求幸福的权利进一步变成有权利窃夺别人的妻女,或是劫贫纵富,那整个社会将沦落到背信忘义、残忍暴虐,完全背离人性之境指日可待。如同C.S.路易斯所指出的:

一个容忍夫妻不忠的社会,早晚会变成一个对女性不利的社会。虽然有些以男性为主的歌曲和讽刺作品抱持相反的观点,但女人天生要比男人更倾向一夫一妻制,这也有生理上的必要性。因此在乱交风行的地方,女人通常是受害者而非加害者。而且家庭幸福对她们而言,也比对男人更为必要。她们最容易吸引男人的,是她们的姿色,但随着年岁日增,美貌也日渐失色,所以在乱交的无情战争中,她们的处境更是加倍不利,她们冒的风险较高,颓败的几率也较大。

可见,若是依照"幸福在于自我实现"这项假设,那么"幸福权"只是一条死巷。此一假设可能是当代有关"美好生活"最重要的理论,但是仔细察看之后,会发现它其实很滑稽。另一方面,很多广告也不断地告诉人们:"幸福在于受人爱戴,在于我们能做什么、穿什么、拥有什么。"然而,同时又有各种指南书籍告诉人们:"如果想变成有活力、有积极思想、受欢迎的领导者，就必须克服害羞、除去罪疚感、处理沮丧，通盘改造自己的性格。"但是这两条路径是彼此不相容的！广告给人洗脑说，幸福是系于外表、系于拥有；而书籍告诉人说，幸福是系于内在、系于心理。这好像精神分析心理学家弗洛姆（Erich Fromm）在《为自己的人——探讨伦理心理学》（*Man for Himself：An Inquiry Into the Psychology of Ethics*）一书中所写的："幸福是人内在生产力所带来的一项成就，伴随着人的思想、感觉、行动中的一切丰富活动。"这就表示，自我实现会像幸福本身一样，在我们没有一心一意热烈追求的时候，就翩然临到。

离开"游乐园"

现代世界的人所追求的幸福快乐究竟有什么特性呢？幸福已经贬值，沦落为只是真幸福的"影子"而已。抱着这种幸福观的人，常常是过一天算一天，缺乏忠贞，生死福祸就好像是一场机运似的；他们看自己像个玩偶，被一种自己无法掌握的势力玩弄，深深感到生命毫无意义。

我前面提过的格洛丽亚，如此描述了她的感受——

许多次我觉得自己好像被困在一架巨大的过山车上，忽上忽下，转来转去。有时我能成功地逃出那令人发疯的飞车，可是，人却还在游乐园里。园外的世界看起来令人兴奋，但是太危险了，我不确定在那里是否能存活，但游乐园仍然是最吸引我的地方。何况每个人都受到劝说，要人留在游乐园里面、要回到过山车上。不过，我还是会想到从前有一些"出到园外"的人，他们是真正尽心、尽意、尽力寻求上帝，随时愿意放下一切的人。他们的生活有原则，不轻易妥协；他们遭遇金钱的魔掌和社会的压力时，不受其控制；他们对美与善的渴慕意识和自我约束的力量，有增无减；他们不恐惧未来，无视死亡的狰狞，不畏惧不公义的威胁，也不受自我的挟制强迫。他们不需要拼命追求信、望、爱，因为这些美德是自然地从他们里面涌流出来。他们是自由的人。

而我呢？我感受到金钱的魔掌，而且颇受它控制；我感受到社会和同侪的压力。我无力维护我的信仰，部分原因是，我自己也不确定所信的是什么。我对美善的渴慕，已经丧失在苦毒、欺骗和内疚的洪涛中了。由于我的自我约束力总是无法持久，变得毫无作用与价值。有时候，我惧怕未来可能发生的任何事；死亡更不时地对我露出狰狞的面目。虽然我恨恶不公不义的事，但我又看不出何谓公义。我信心很小，为自己打气去做的事，都是为了满足自己，但是，我却不快乐。我希望可以在游乐园之外过着不妥协的生活，但是，我一边希望，一边又感到害怕。

格洛丽亚在困惑、惧怕和占有欲的心情中，挣扎着想离开那座游乐园，可是又缺乏离开的勇气。后面我们还会看到她如何得到帮助,逃离了那里。

　　这是任何想要获得诚信品格的人都必须有的提升。黑塞于 1922 年出版的那本著名小说《流浪者之歌》中,提到主角悉达多做了一个梦,梦见他那只每早必高歌一曲的稀有鸣禽突然不出声了,他惊恐地发现它居然死了(就像马格里奇用来比喻幸福的那只被猎杀的小鹿,成了腐肉一块)。悉达多心痛地领悟到,他曾经以为美的、有价值的一切,都已经随着那只小鸟一起死去了。

　　当他从梦中醒来以后,一阵悲戚感突然袭来,使他发现自己以一种没有价值、没有意义的方式虚度了生命,竟然未曾留下什么宝贵或重要的东西。他孤零零地呆站着,就像一位沉船的水手独自站在汪洋大海的边上。

　　悉达多伤心地走进自己的游乐园,关上大门,坐在芒果树下,心中感受到死亡的恐怖。他坐下来,想象自己死亡、枯萎、完结。一幕一幕,他梳理着自己的思绪,在脑海里重温自己的一生——从记忆的第一刻开始。他什么时候真正感到幸福呢?什么时候快乐过呢?有多少年他从未有过崇高的目标,没有渴望、没有兴奋呢?他仅仅满足于小小的快乐,竟从未真正满足过!他坐在那里,直到夜幕降临。他举目望天,看到繁星点点,于是想到:我正坐在自己的游乐园里。他苦笑着问自己:我为何要拥有芒果树和花园呢?这是必要的吗?是正确的吗?难道不是愚蠢的吗?

就这样,黑塞描述悉达多伤心地摇了摇头,永远离开了他的游乐园。"他告别了那游乐园,那游乐园在他里面也死了。就在当天夜里,悉达多离开了游乐园与那座城,自此一去不返。"

第 **3** 章
幸福与心灵的宁静

> 幸福,是得到你想要的,而且得到之后发现,它值得你拥有。
>
> ——希欧多尔·班迪特

《纽约客》杂志里有一幅漫画,描绘一对夫妻的对话,丈夫说:"亲爱的,如果模糊的不满也能算是幸福的话,那我当然很幸福啰!"不同的人会用不同的方式为幸福下定义。但是,到底幸福是什么,总该有个公认的见解吧! 不过,由于幸福深深植根于人本性之中,所以想解剖分析它,就如解剖人性本身一样困难。

这正是自古希腊以来,哲学家一向玩的游戏——把幸福的某一个方面分离出来,然后说,这就是幸福!哲学家一直试图寻求不同的方式来给幸福下定义。

首先,他们强调一种所谓"停止追求享乐"模式的幸福,把内心的平静与善良道德连结起来,要在讲究美德的生活里寻找幸福。有一些哲学家像"爱笑哲学家"德谟克利特(Democritus)那样,认为幸福就是愉快的心智,像今日我们说的"正向思考";亚里士多德也是这种乐观思考的人,他在富有意义的行动中或享受运用心智的时刻中,找到了幸福。古代哲学家相信心智比身体优越,所以智性上的幸福远远胜过感官上的快乐。伊壁鸠鲁(Epicurus)比较大众化,他知道不是每个人都有亚里士多德那么高的智慧;伊壁鸠鲁把幸福与内心的平静相连,称为"内心平静的幸福"。希腊哲学家皮浪(Pyrrho)接触过东方宗教,他把幸福解释为脱离物质世界,对转瞬即逝的事物抱着淡然处之的态度。罗马哲学家瓦罗(Varro)则用二百八十八种不同的方式来解释幸福,这是用心理学来诠释幸福的方法,基本上是根据一个前提:如果你的"想法正确",你就会拥有幸福。

令人惊讶的是,人类把幸福与内心平静的合理化连结,已有相当悠久的传统。我在写这一章的时候,朋友珍妮来看我,让我读她的日记。珍妮是位聪明、思想细腻的英文老师,精通文学,出生于一个信仰虔诚的家庭。她的日记开始有这段自白——

我希望,迫切地盼望,我能够超越人类的无能,我厌烦失败,我讨厌自己一文不值。我对自己再度有这种感觉而生气,恨透了生命中的各种局限。为什么我缺乏动力去做该做的事?为什么我没有足够的自律去追求最高的目标?我前面的道路还如此遥远,简直不能想象上帝怎么会使用像我这么糟的器皿?"被打败"真是件恼人的事,而且知道失败还会再发生,就更令我懊恼。

这是许多智力高的人常有的经历,认为获致幸福的唯一之计,就是正向思考,便能达到内心平静。但是,珍妮并没有借此找到开启幸福的钥匙。珍妮与我谈了几次以后,我们两人发现,她显然把事物过度观念化了。她并未察觉自己一如古代哲学家那样把幸福观念化了。从情感上来看,她从自己的人际关系世界中抽离出来,像是内在的另一个珍妮,高高在上地指着那个外在的、爱交际的珍妮,责备她是一个失败者。这是多么不开心的情况,即使她一再地努力,仍然信心软弱,似乎原本一个充满爱、喜乐、自然又热情的有情生命,最后竟被灰暗的阴影取代了。在情感上,她好像成了色盲,把本来红黄蓝绿的彩色世界转换成一片灰色。今日有很多人都像珍妮一样,把心智(mind)的秩序与心(heart)的秩序混为一谈,仿佛那专司逻辑、推理和思想的左脑,也可以代替主司直觉、情感和人际关系的右脑。

为什么会这样呢?《牛津大字典》开了一个处方,将

"幸福"定义为"心智上的快乐状态,这是由成功或美善所产生的"。这是它的"经典回答"。难道寻求幸福只要用心智而不需要用心吗?

心智的快乐

对许多人来说,幸福只是一种智识的追寻,这或许是因为,他们中间有很多人是属于第 1 章所论到的"旁观者"人格类型。这种想法的背后隐藏着许多假设。大学生活常给某些人一种观念,认为世上唯一值得追寻的东西就是智识上的喜悦(这项假设显然源自早期的童年经验,我稍后会讲这部分)。对这样的人而言,哲学研究是智识幸福的最高峰,因为它可以满足人最高的功能——理性。"天堂"被认为是专门为一群理论家而设的学府!为了填补内心的空虚和寂寞,就用各种信息、概念和知识来塞满内在生命。

有些人确实笃信"理性女神"(the goddess of Reason),这是法国人在 1793 年大革命之际所采取的观念。事实上,近代文化的发源就是始于"启蒙时代",现今我们仍然如此称呼它,因为这名词表达了一种目睹黎明冲破黑暗世代的喜悦和惊奇。"启蒙时代"一词有转变与皈依的意思,就像是说"佛祖的启蒙"。而且,此处是指整个社会而非仅个人;从前的我们在情绪的控制之下,从前的我们在理性上是瞎眼的,从前的我们是在"开倒车",但如今我们看见了。

如今光已经来到,我们经历到某位作家所说的"意识危机"。而在这个新"异象"里，科技为人们开创新的可能性，至于奥秘、神迹、神的旨意，以及超自然、超经验的领域，则被人们视为另一种黑暗而驱逐出境。因此，大家今天都活在"理性时代"，以逻辑、分析和数学作为最高的管治权威。

上述的"能运用理智功能，就是最高的幸福"之错谬观点，是基于以下几个假设，这些假设是我们现今文化里鲜少揭露出来的。

第一项基本假设是，一切较高层次的幸福都是自我激发的，并非通过与别人的关系而获致。人有责任为自己创造幸福；知识是在人面前展现的一条康庄大道，让人可以靠着自己的技能和知识去获取幸福。

现今社会强调"做你自己的事"，更加强了这一信念，它延伸到我们生活的许多领域。在健康方面，如今流行尽量获取医学知识，就可以"做你自己的医生"；在情绪方面，"做你自己的心理咨询师"；或是"做个修理达人"，自己学习动手修理每样东西。很多人以为幸福就是"自己要知道怎么做"，例如学会量血压、量胆固醇、检测水电、测验性格类型以量度忧郁指数和心情起伏、分析信仰程度……如果你懂得这些，你就万无一失了。就这样，很多人错误地把知道自己的某某指数与实际所能经历的真正幸福混为一谈，如果只是学会如何明白关乎自己的状况，却不认识自己的内在，那么，这样就只是描述生活罢了，并没有办法活出幸福的生活。

思想与情感的争战

第二个基本假设是,思想比情绪更加优越,那些感觉和情绪是很复杂的东西,你最好搁置一旁,尽量减少,甚至加以压抑才好。

情绪通常是不受人欢迎的,尤其是男人,一个男人不要"情绪化"才能表示他有自制力。小男孩才一两岁的时候,大人就告诉他"男孩子是不哭的",他长大后便与自己的感受大大疏离。相反,他被导向一种靠理智、靠技术的生活,远离主观意识的领域。于是,计算机及相关科技产品便成了人类最亲密的好朋友!在科技社会里,技术和机械已变成真实情感的替代品。希望能借此逃离其他人的情绪搅扰,例如惧怕、愤怒、压力和挫折,若能躲开这些,就有解脱的快乐。人们把这些情绪全关在心门之外,然后躲入图书馆的平静世界或计算机的虚幻世界里,享受自己的工作或娱乐,没有人与事的纷扰,也没有情感的牵绊。

第三项假设是,我其实比你棒,比你优秀。若是你也有足够的理性,能像我一样从合乎逻辑、冷静客观的角度来看事情,那就太好了!这显露出了深埋在这假设里面的人心的骄傲。我愈像一个知识分子、愈有丰富的资历可凭靠,我就愈容易受到引诱,去相信智识生活是更优越的生活,是解决生活苦难的妙方。这种生活比婚姻、家庭,甚至友谊都更优越。

当年我在牛津大学的教师交谊厅里，向单身同事们宣布我要结婚的消息，交谊厅里突然间安静下来，同事们面面相觑，大概在想：可怜的侯士庭，我们本来以为你会专心做个学者的，可是，现在你把自己的事业丢进垃圾桶了。后来我慢慢了解到，为什么有一些在学术界大有名望的人，做起事来却像小孩子一样情绪化，这是因为理智主义妨碍了他们正常的人格成长，以致成了不真实的人。我还有一位哲学家友人，他曾在极度忧郁之下，把自己的头伸进煤气灶里自杀，而这正是因为他一直没有亲近的朋友可以穿透他的学者面具，了解他作为一个人的内在真实感受。

这种信念——认为最高层次的幸福是理智性的而非情感性的——背后还有许多其他的假设，而藏在那些假设背后的，其实是骄傲和控制欲，因为人的心智具有极强大的掌控力量，而且也会充分地利用这种力量。"心智"测度着什么才算是有意义的，只选择自己想知道的内容，并且决定它要监测与掌控的范围界限。"掌控"是知识黑暗的一面，一旦掌控上了瘾，就成为暴君，完全地操纵人生活的每一个层面；从掌控自己，到掌控所有的关系。

渴望是理性的最大敌人，因为理性的作用在于控制，而渴望则是在理性难以感受到满足的时候，令人失去控制。渴望太多，容易将自己曝露在那些不确定的情况下而受到伤害，但是，逃避"理智施暴"的方式却是靠着渴望。渴望替人们开启了许多创意的可能性，尤其是在信仰和信靠的创造性上。一个本来倔强任性、事事都要掌控的人,如果想使自己变得温和、坦诚,唯一的方法就是渴慕上帝荣美的属性。渴望,它能促使人的心灵变得柔软,能体贴别人,而且更能接受幸福是人生中一种与别人建立正常关系的友好体验。

理清我们的思想

在精神层面追求幸福,有一种方法颇受欢迎,叫做"认知疗法",它应该是建立在"常识"上。依照认知疗法的解释,人之所以会沮丧或焦虑,是因为想法不正确,思想紊乱、消极,所以只要稍作努力就能训练自己"正确思考"。除掉痛苦、不愉快的思想,就可以再度变得快乐、有生命力、更尊重自己。这些努力只要花短短时间便能达到。一旦能开始用正确的方式看待自己,良好的自我感觉就会自动产生,幸福快乐便随之而来。

上述方式有一些道理,但也藏着危险。认知疗法正确地指出了一些人们常落入的情绪陷阱,包括下列几种错误态度——

- 完美主义的态度,追求绝对的尽善尽美。用这种方式来衡量生活是不切实际的。这种心态会导致绝望,因为没有任何人能达到这样的标准。
- 宿命论的态度,相信事情只要搞砸一次,以后就会继续搞砸。那些感觉孤独、与人疏离的人,容易觉得自己一辈子都在走霉运。至于那些觉得自己常遭人拒绝的人,则会"蓄意"让自己遭到更多的拒绝,因为他相信别人早晚会拒绝他。

- 负面的态度,透过灰色镜片看待人生。在儿童时期,我们的心中就植入了一张情绪光盘,这张光盘伴随着人的一生,结果就使人的生活不断地播放着同一首曲调,重复着孩童时期刻印下的自我形象。这种态度令人经常有负面的想法和行为。

- 自卑的态度,容易将别人对自己的称赞颠倒过来想。认为一切来自别人的称赞、感激和爱都不是真的,或是与自己无关,这种负面思想也很具有毁灭性。

- 过度的、强迫性的自我责任感,会使人被自己的期望压得透不过气来。"我应该"、"我必须"、"我不得不"是这种人最常重复的词句,如此一来,人生变成了心不甘情不愿的苦差事。

- 神经质的内疚感,总觉得自己应该负起责任。孩童时代没有获得肯定的人,常会如此,将遇到的每一种责任细节都放在心上,甚至对别人犯的错误也会感到内疚,仿佛自己该担起罪责以免别人受罚似的。这种心态会使一个人的思想扭曲变形。

认知疗法对于辨认上述各种情况固然有帮助,但却不能根治。它指出了具备清晰的头脑和常识在纠正情绪感受上的重要性,这一点很有价值。但是,认知疗法仍然有它致命的缺陷——相信理性比情感优越,这就暗示了,任何有头脑的人都不应该有糟糕的"感觉"。

这也是我们必须提出异议之处。即使具有高智商的人,仍然会因为自己和别人的错误观念而受困扰。表面上看,好像只要人读几本对的书、应用对的技巧,就可以纠正弊端,但实际上,这方法只会让问题更趋复杂。那种坚持"我是自己命运的主宰,我是自己灵魂的指挥官"的骄傲心态,不只会让自己与别人隔离,更会增加自己的绝望感和孤单感。面对这些问题,比较实际的回应应该是:"我需要帮助,我需要朋友。"

纯粹用思想来处理人生的难处,是行不通的,就好像只凭一个气缸开动汽车是不行的。我们可以很理性、很诚实地看待自己的人生,但是心底的感受会不断地闯进这场理性辩论中。人生除了思想之外,还有很多其他的东西,若要活得丰富,还必须经历渴望、信靠、顺服、仁爱、友谊、惊喜。若想真正地幸福,我们必须情感与理智并用。

野马与驯马

我们已经开始看到,理性的人很畏惧自己的情感,有点像希腊人惧怕神话中那些住在色雷斯山区的半人半马的怪物一样,因为它们半野半驯。柏拉图用过一个类似的喻象,他说:灵魂像一位"驾着双马飞驰的战车手",其中一匹马"良善,血统高贵"(指理性),另一匹却"在各方面都完全相反"(指情感)。柏拉图形容说,一个人只要能驾驭那匹总是想把骑士甩下来的黑马,他的灵魂便能爬上天界。但如何做得到呢?他说,必须"靠鞭子"(指控制自己的感觉)。然而这可不是件容易的事!柏拉图自己也承认:"人与马之间有缰绳紧紧连着,彼此互相牵制。"

这两个比喻——战车手驾驭双马,半人半马怪物——可能还是后者比较能实际地描绘出人类的天然景况。我们天然的情感状态确实是又狂野、又黑暗。然而,我们在寻求真幸福的时候,却不得不探索这个狂野和黑暗的领域,除了注意心智的理性功能与思想,也需要用同样的或更认真的态度来检视自己的感觉与情绪,这是因为情感若能与生命中其他部分协调运作,我们的生活经验就会更有深度、高度和广度。这就是幸福。

教育我们的情绪

我们的情绪生活有一个特征,就是它不像心智那样有固定的目标,这解释了为什么人们常常会说:"我情绪很混乱。"或说:"我感到麻木了。"其实,情绪里饱含着浮动、对抗和变化,它能轻易地换掉固定或原定的目标。情绪生活正是个人最内在的部分,是真正的"我"。人常常会隐藏自己的感受,就是因为怕在别人面前把自己暴露太多,暴露到连自己都不忍卒睹的地步。

有些情绪比较深,我们可以像剥洋葱似的,一层一层剥开情绪中较浅层的部分,其中一些我们称之为"心情",有些人整天被心情左右,我们会说他是"情绪起伏"的人。可见,表层的情绪也能变成生命中的固定性格。而当比较深层的情绪受到打击时,人会变得郁郁寡欢和退缩。负面的情绪(它的产生有时与现实情况毫不相干)很容易急转直下,导致忧郁症。

现今,我们需要同时强调"情绪教育"和"心智教育"的重要性。我们生活在一个理性的文化里,深受启蒙时代的影响,过分高抬了理性的重要性,也就是说,因为高抬思考与知识的价值而忽视了情感。有人认为,现今我们需要发展一种"后现代的世界观",亦即超越现代以及现代对科技的重视,以重新发现人类的本相。"新纪元"(New Age)运动就是一种后现代的叛逆表现,它走到了另一个极端,把信心投注在最稀奇古怪的魔法和非理性的事物上。若要用这类相信古代魔法和使用药物的方式,来回应现代冷酷的理性主义,也是不负责任的行为。我们真正该做的是恢复人性的丰富,这在现代世界里已经被忽略太久了。

若要活得有尊严,我们就需要重新与自己接触,与我们内在的生命联系起来,学习如何成为"真正的人"。若想要幸福,我们就要给自己和下一代更合人性的环境,不能做没有感情的牲畜;我们必须学会处理自己的感觉,尤其是那些自己不太敢面对的感觉。

一个令人振奋的消息是,现今企业界一些圈子已重新发现了人文的价值与分量,这迹象显示了我们仍有希望。这些公司开始体认到,长久来看,员工的道德、诚信、资质和动机,要比公司的年度利润更为重要,因为——

有活力的员工团队是一家公司最宝贵的资产,本公司着眼于长期的营业发展,对员工一向极为重视。我们也深信,员工的道德与他们的能力经验同样重要,因此本公司在演讲内容、训练教材中十分强调道德教育。

本公司盼望,每位员工都拥有亲和的个性、谦逊的态度、良好的行为,过正直的生活。这种生活能产生对知识、自制、礼貌、诚实以及忠诚服务的渴望;可以激发自省、纠正错误;可以培养自尊和互信;愿意在和乐共存的气氛下互相帮助,以道德品行努力地整合个人的能力和经验,为公司、为自己谋求共同的福利。

这样的公司是在为本身、员工和顾客寻求诚信和真实的幸福,它不但忠于人性,而且符合企业经营的理念。

现代人崇拜机器,寻求机械式的效率以及技术的精神,是人类真实感觉的敌人。对技术人员来说,情绪是主观的、是会影响机械运作效益的,而科技的主旨正是要控制大自然、征服大自然。人类渴望能统治、掌控大自然,渴望能重造自己,甚至征服死亡,借着外科手术把身体内损坏的器官换掉。把人仅仅看为有效率的技术人员这种想法很危险,因为这会让人在完善管理自己身体的同时,却忽略了自己的灵魂。以单一的技术向度来看万事的倾向,只会导致一种结果,就是人性的死亡。

形成这种景况的方式之一,就是人们在开始喜欢倚赖技术专家,阅读权威书刊、求教于分析师,寻求各种"专业指导"的同时,却对自己内在的感觉、信念和良心不闻不问;倚靠那些指教"门路"的书,远远多过于寻求并等候在上帝的面前。有许多人不信任自己的感受,转而从自我测验或治疗课程中寻求指引,而当他们将这些由陌生人协助做的测验视为比自己的心证更可靠时,这也是一个要小心的征兆,要留意自己是不是完全地让"外在的东西"来指引自己了。

我们不是信靠"生命",而是信靠"有位格"的上帝;我们不是信靠"理想",而是信靠"上帝与我"的关系;我们也不是走弗洛伊德、荣格所给出的那条路(信从自己的潜意识),而是信靠自己里面有上帝的同在,因为圣灵住在我们里面。为什么这个理性的时代不让人做自己呢? 如果人愿意面对自己内在真实的感觉和需要,最后总会贴近信仰。但可惜,我们的世代擅长制作各式机器,却不能应付信心,因为世上没有人能发明"信心机器"。我们没办法靠营销技术产生真正的个人信仰,一如我们不能靠它产生真正的友谊。垃圾邮件公司将你的名字用个人化的形式印在他们用电脑打好的信上,让人以为它是私人信函,这种行为是要骗谁呢?真正的个人化并不是用"手法"来表达的,而信仰在实质上却完完全全是一件个人化的事。

因此,现今有两种基本上很不相同的意识,第一种意识:仅仅单独拥有自己的心灵,孤单空虚,虽然自己可能借着强迫性的冲动而直觉地活着,或者自欺欺人地活着,以为自己有能力控制命运,可以创造出自己的信仰。这样的人虽然很有自觉、能享受"生命力"、能有所"顿悟",却只字不提上帝的恩典和慈爱。

第二种意识:上帝将他的爱亲自传达给我们,其证据就是赐下了他的儿子,而且已为我们从死里复活,又将他的灵赐给我们,使我们能活在他里面,也为他而活。前面提到珍妮的挣扎就是如此,她尝试坦承自己需要信靠上帝。她不能仅仅描述及合理地解释上帝,而是必须用信心、盼望、爱去接受与回应上帝。

唤醒情绪

我们许多人是真的害怕自己的情绪,而对于某些人来说,幸福只能从反面去定义,那就是:赶紧从负面的情绪中脱身!我们很快就会发现,自己有多么容易让不幸给围困住,包括身体和灵魂的苦难、人际关系的困境等。为了抵消这些不快乐,有人把注意力集中在身体健康上,至少保持着良好的体能。而锻炼身体就好比训练心智一样,让人有掌控感,可以用调节饮食法、运动法以及认识疼痛的成因,来掌控自己的身体。但是,当痛苦是发自内心深处、来自灵里的时候,人却偏要与自己作对,不但不想去细听、审视内在的痛苦,反而用压抑法,不想要也不喜欢知道有关自己内在真实的状态。

为什么我们惧怕去体会自己的心灵、惧怕知道自己的欲望呢?因为,我们害怕受伤的感觉,所以不敢对自己太坦白。至于在其他人面前能否诚实地敞开自己,只需看看现今的离婚文化就可知道一二,其实我们在各种人际关系上都很惧怕显露出内在的自己。在社会上,有许多孩子离家出走的现象(北美每年约有两百万儿童离家出走),这不应该让我们感到太惊讶,因为许多父母不也在外寻求新的亲密关系吗?这就是为什么人们很容易以为,所谓的幸福,不过是消极地脱离悲惨生活罢了。"心灵疾病"在这淫秽混乱的世代,已经成了一个普遍的特征。

自怨自艾,这是显露不幸福快乐的一种形式。而那些常用爱去向别人敞开自己的人,也很容易落入另一种形式的不快乐,例如,他们看见自己所爱的人陷入罪恶而悲伤,母亲为失落的儿子而哭泣,或是夫妻因为对方的不忠而痛苦。在莎士比亚的戏剧中,奥赛罗以为妻子苔丝狄蒙娜偷情,心中除了悲伤,还夹杂着看见爱人陷入罪恶的痛苦,他用这样的句子形容内心的感觉——

我心灵归宿之地，非生即死，

我爱情的泉源，非涌即涸；

或遭弃置！或成蛤蟆繁育生息之地！

　　一颗向人敞开的心，尤其是向所爱之人敞开的心，能使爱的泉源涌流不息。如果关闭了心，就等于"死了"，或如圣经所说，成了"刚硬的心"，那么，心就没用了，是"遭弃置"了。另一方面，如果让爱涌流出来，而这爱却被诡诈欺骗给糟蹋了，那么，心就好像池塘，被"蛤蟆"（或爱情骗子）用来作为交配之处。这也就难怪，在现今这个淫乱的社会里，会有那么多人对暴露真情抱着冷嘲热讽的态度。

关乎情操

　　十八世纪中叶，像洛克那样的思想家，对启蒙运动中的理性现代主义之崛起贡献颇多。而当时北美最杰出的一位思想家和神学家爱德华兹（Jonathan Edwards），却拒绝接受把心灵与理智分割开来，或把情感从思想中分离出来；他不把"认知"（the cognitive）与"情感"（the affective）这两个领域分开，是因为他看见还有第三个领域扮演着不可或缺的角色，我们可以称之为"意欲"（the conative）。认知与知识有关，通常是由与思想、推理、记忆、想象力等有关的各种感知所组成；情感则与情绪、感受有关；而意欲乃是与冲动、欲望、意志有关。意志确实常常控制人看待事情的方式、控制人思考的心态，因此，意欲在人整合理智与情感的方式上，居于重要的枢纽地位。其实人类没有办法把理智从情感中分离出来，因为意志和欲望也属于心态的一部分，可以决定人究竟是比较知性的或是比较情绪化的。

爱德华兹在 1746 年写《宗教情感》的时候，情感主义给美国新英格兰地区的教会带来了许多困惑和误导，他因此认识到，真理既不是"冰冷的逻辑"，也不宜被"不智的热情"所淹没。前一个世纪的宗教战争已清楚地显示出，打笔战辩论远比动刀枪大炮牺牲千万生命要文明得多。因此，信仰的"热烈"让人们对引起宗教战争的可能性产生了相当大的疑惧。但是，真理并非要完全除去真实欲望给人带来的真实情感，也没有把受到正确引导的意志排除在外；换句话说，如果缺少了意欲的功能，那认知的功能就不能运作。因此，爱德华兹在他那段著名的谈话中说道：

> 如果除掉一切爱和恨，所有希望和恐惧，所有愤怒、热衷和欲望，一大半世界就会变得死气沉沉，人类就再也没有所谓活动或追求了。……而在宗教中，人各种活动的源泉很大部分也是宗教情感。如果一个人只有教义知识和理论却没有宗教情感，他就还没有真正参与宗教生活。

为什么现代人可以全然觉察自己天天在使用认知与情感的功能，却没有充分注意到自己有意欲的功能呢？这或许是因为任性的人，一点也不想让别人提醒他有多么任性。理性的知识分子往往以客观的生活观察者自居，以表明自己并不固执，而是讲道理的。然而，如果他刻意地弃绝上帝，就已经清楚表明了他的任性和固执己见。人们总是在"争取自主"与"接受上帝管理"两种选择之间争战不休。这种长期的挣扎，正是因为人受自己欲望和意志支配，不管他多么不愿承认这个事实。我们已经在第 1 章看见，每一型人格都具有某种特质，能够解释为什么人会偏重于某种行为。

有鉴于此，爱德华兹也看出，人会故意反抗上帝在生命中的权柄，因此，人需要一颗新心——"恩典的情感"，这是上帝赐下的，要让人从此产生全新的态度、全新的渴望、全新的心智，并且有甘心顺服上帝的意志。第 1 章已描述过自卫、逃避、压抑、反应，这些都与人克服羞耻感、自卑感、孤立感等有密切的关系，也与克服怀疑、罪疚、困惑、绝望等密切相关。它们或多或少是源自个人的历史，但总括起来就是旧约时代先知所说的：需要一颗"新心"。这颗新心是敞开的，是顺服上帝的，这样，上帝才会将渴慕他、顺服他的新情感和新意志赐给人。人对自己的认知，加上对上帝日益加深的认知，就成为"恩典的情感"。因为上帝也会主动接近我们，甚至赐下他的灵，使我们渴望接近他、全心寻求他。这真是太惊人、太神奇了！想想看，我们天然的行为是多么容易成瘾。我们很容易随心所欲，自己决定如何得到幸福安康,如何一如既往地隐藏自我。既然现在上帝是我们生命依附与爱慕、渴望的对象,那么,这种恩典的情感就是由上帝亲自雕塑的,也就是说,它是无穷无限、圣洁和慈爱的情感。

爱德华兹清楚地看见,恩典的情感绝对不是出自人的自我导向,而是单单指向上帝的,因为那向上帝发出的新情感在人身上很不自然,它并没有在人面对天然性格的癖好或捆绑的问题上反映出来。然而,这恩典的情感如同"坠入情网"的经历,甚至让人神魂颠倒,巴不得能够与"那位对象"共度一生。

抽象的上帝观,只会让人对上帝存着部分看法或不正确的想法,这是行不通的,因为观看者只置身圈外而无法在心中经历上帝;有很多人只能从"圈外"观看基督教,渴望自己也能进入"圈内",但唯有先被更新了心灵,生命才能全然改变,得到全新的幸福。当上帝的灵赐给我们一种对上帝的"新感觉"时,就会使我们过一个有祷告的生活,让生命开始进入"转化"的过程,因为他会给人一种独有的"新品味",能察觉过往无法察觉的新事、新态度,甚至能看见自己天然性格中的错误和罪恶。

这种转化后的更新与改变,能带给我们更多"属灵的悟性",得以领会、欣赏上帝的作为和属性。如果我们愿意更多认识自己,就会想更多认识上帝,这两种渴望是并驾齐驱的。从前的我们很少注意上帝的存在,而且假设他也同样不注意我们；如今的我们整个生命都开始围绕着上帝，从生活上的大小事，到情感和思想，都以上帝为中心，并且随时随地渴望他的同在与帮助。

于是，我们开始明白，若想成就这种向着上帝的情感，谦卑正是必不可少的要素。心中骄傲自大的人，是无法真正祷告的，他无法让真光照耀以显露内心的欠缺和瘾癖，这样就无法认识自己，也无法认识上帝。只有当我们越来越被圣洁的上帝慑服，也越来越渴望满足上帝的心意时，我们才会渴望在上帝面前谦卑受教。这样做，在道德上来说更是实际的，因为这是智慧之道，是建立正确关系的途径，也是拆毁自我欺骗和自我防卫的方式。唯有如此，我们天生的气质和性格才能发生真正的转变与更新，童年经验造成的创伤才能得到医治。

我们对上帝的情感还有另一个特性，那就是，我们会开始对自己、对别人都产生一种新的温柔，变得更能体恤别人。这是因为，性格上的棱棱角角渐渐被磨圆了，内心的刚硬开始软化；我们可以获得更多内在的自由，而且越来越享受这种自由，以至更愿意坦诚实在。在生活中，上帝与我们时时同在的感觉，会逐渐取代我们狭隘的自我认知；上帝的爱，会驱走我们里面的自我怨恨。不论从前如何孤单、害怕、无力处理自己的情绪，此后都可以坦然地寻求上帝的帮助。

因此，我们的人格无论是倾向完美主义型、施予型、表现型、浪漫型、旁观型、负责型、乐天型、强人型、协调型,或是倾向逃避型,都能因为我们内心的真实转化而更新,慢慢减少各型人格特质中的负面作用。事实上,我们变得"像小孩子",有着全新的单纯,可以在一种新的温柔中成长,对上帝也产生更深刻的信靠倚赖。如此一来,我们就会发现并不需要活得那么吃力,因为我们已得到了新的启发。内心渐渐意识到,自己的性格在逐渐成长中形成新的平衡,人格特质也比较能显出正面的作用而且稳定,因为以前较弱的、不好的地方后来调整了,就转化为崭新的强处;换句话说,就是不必再强调原来的强处,而是让它们学习扮演比较平衡的角色。

从前的失衡、不安、混乱,如今被匀称、宁静、和谐取代了,成为我们生命的标记。培养"有美感的生命"并不是附庸风雅,而是在周遭的生活中和自己的灵魂深处享受上帝的荣美。这样,我们的心会因喜乐而欢呼,因为对上帝的渴慕在我们里面蓬勃滋生、蔓延,喜乐的本身又带来更大的喜乐。当上帝在我们生命中变得越来越重要的时候,他崇高而圣洁的荣美就激发我们更热切地渴慕他自己。

这些是不是遥不可及、太理想化了呢? 我们怎么知道内在的改变是真的,而不是自己异想天开、出于某种浪漫的表现? 原因是,这些转变能为人结出非常真实的果子。经历过这种转变的人,与坊间所谓不食人间烟火的"天堂迷"大不相同,或者说,正好相反。真正心向天堂的人,会在地上做个实际有用有益的人,因为经过那截然不同于以往的内在改变,他会把过去那种强化自我防卫的能量释放出来,并予以转化,变成爱的力量去关心别人;自我中心会被更多的真诚取代,自我保护会被更多的自我觉醒取代。虽然发现真实自我的历程永无止境,不过,我们也因此能自由地发掘,究竟该如何对社会和他人的福祉作出贡献,而且是诚心诚意地努力去做。所以,一个人若活出了实际的生命,证据就明显在他的道德越来越真实,他不再躲在一个非现实世界的含糊笼统、浪漫概念或是纯理论之中。

从前乏味的个性、信仰上的滥情行为、冷淡的姿态,如今被我们对上帝更多的敬畏和我们生活中更多的爱所取代。这就让我们深信,理智是绝无可能从感情中分离出来的,也不可能从欲望和意志中分离出来。"心灵宁静"的哲学是不够的,"概念"更不足以真正改变人,连我们当中的很多基督徒,对幸福的观念都需要更新!这就是为什么一些伟大的圣诗要告诉我们,当献上心灵、单单地切慕上帝本身——

求上主圣灵,降临我心中;

潜移又默化,消除世俗情;

垂怜我软弱,彰显主大能;

使我爱上主,尽力又尽心。

主,你曾嘱我,爱你应专一;

身心灵理智,全归你自己;

仰望主十架,教我心紧依;

促我寻求你,容我寻见你。

——引自科洛里(George Croly)《生命圣诗》

不要怕自己内心的渴慕,不要怕暴露在容易受伤的情况中;虽然渴慕有时也会使我们失控,但是唯有借着渴慕上帝,我们的心才能更加宽广,更自由地在爱中成长。早期教会的伟大思想家、神学家奥古斯丁,他发现认识上帝是幸福的关键,他的《忏悔录》中有一段话,他把自己的渊博知识与认识上帝的喜乐作了一个对比——

主啊,真理的上帝,是否只要通晓这些事理就能使你喜悦? 通晓了这一切却不认识你的人,是不幸的;而不通晓这一切却认识你的人,是幸福的。既认识你又明白这一切的人,并不是因为这些知识而感到幸福,乃是因为你的本身而感到幸福,只要他因为认识你而荣耀你、感谢你,且不容思想陷入虚妄。

奥古斯丁在《忏悔录》的一开始写了这段著名的话——

主啊! 你真伟大,该受大赞美……枯寂的人类渴望赞美你,因为他是你的创造,披戴了朽坏死亡、罪恶之证……

你为了你自己造了我们。我们的心灵不得安息，除非安息于你……主啊！我在你借着圣子道成肉身启示我、赐给我的信心之中，向你呼求！

在他写《忏悔录》的十年之前，也就是他转信基督不久后，他曾与母亲莫妮卡以及一些朋友谈论幸福的真谛。结果，他们一致认为，对上帝有了个人的认识是幸福的基础，然后他写下："拥有上帝的人是幸福的！"当时他们之中有人问："可是，谁拥有上帝呢？"有的说是那些遵行上帝旨意的人，有的说是那些在上帝面前生活美善的人，其他人则表示是在上帝面前清心的人。最后，奥古斯丁下了一个结论，我也借此作为本章的结论——

灵魂的全然满足，即幸福的生活，就是准确地、完美地认识那带领你进入真理的上帝，明白你所享受的真理及其本质，并体验那使你与至高者相连的契合。

而那曾经长年为儿子祷告，希望他能领会这一点的莫妮卡女士，以这样的祷告回应："三位一体的真神啊！求你帮助那些向你祈求的人……这确实是有福的人生，是我们积极追寻的完美人生，在其中，我们能因着稳固的信心、喜乐的盼望和热切的爱，而受到你的引导。"

第 4 章
幸福、想象力与童年

完美的幸福，就是内心世界与外在世界全然和谐的宽阔感受，它稍纵即逝。人类不断地寻找幸福，但人的天性，使他不可能在人际关系中或在创造活动中获得永远的幸福。

——安东尼·施托尔

前两章里，我们探讨了在享乐中得幸福、在心灵宁静中得幸福，这两条路，没有一条路可引至真正的幸福。那么，有没有其他的选择呢？

我们是否记得，在孩提时代有过另一种形式的快乐幸福？小时候,我们可能拥有某一块专属自己的"藏身处",它或许是一棵曾让戈尔丁(William Golding)那样的小孩藏身的浓荫大树,[①]或许是爱丽丝花园的一角,或许是一个从未被人发现过的秘密瀑布,或许是大人们懒得去的顶楼或地下室,也可能是像 C. S. 路易斯和他哥哥躲藏的阁楼小室,或是路易斯所写《纳尼亚传奇》中的衣橱。这些秘密地点是孩提时代愉悦有趣的藏身之所,躲在里面时没有任何惧怕,只有我们对自己的愿望。

勃鲁盖尔(Bruegel)的一幅画里面有许多人舒适地躺着,周围有食物自动飞进他们的嘴里,身边流过的是盛满美酒的小河;他们不需要做工,也没有死亡的恐惧。我们中间有些人也许还记得,小时候把枕头塞在卧室门底部遮光,不让大人知道自己在偷偷看书或看小说直到半夜的情景。这种在自己想象中找到的秘密幸福感,是接下来要探讨的另一个领域。

在莎士比亚的《仲夏夜之梦》里,雅典公爵非常明白想象力的强大威力:"诗人的眼睛在神奇的狂放一转中,便能从天上看到地下,从地下看到天上。想象会把不知名的事物用形式呈现出来,诗人的笔再使用它们具有如实的形象,空虚的无物也会有了居处和名字。强烈的想象往往具有这种本领,只要一领略到一些快乐,就会相信那种快乐的背后有一个赐予者;夜间一转到恐惧的念头,一株灌木一下

---

① 戈尔丁是 1983 年诺贝尔文学奖得主,《蝇王》的作者。——译者注

子便会变成一头熊。"激发人产生想象的动力是丰富多样的。莎士比亚反映出了这整个范围的幅度,从疯子、诗人到情人都有:"情人们和疯子们都富于纷乱的思想和成形的幻觉,他们所理会到的永远不是冷静的理智所能充分理解的。疯子、情人和诗人,都是幻想的产儿。"

正如想象力会过度奔腾,理智也一样会过度冷静、太信任自己的能力,就像上一章所谈到的,莎士比亚也看清了这一点:"霍瑞修啊!天下人间还有许多东西,是你在理智中从未梦见过的。"

乌托邦的幸福

想靠想象力达到幸福,其中一种显著的动力就是建造乌托邦,这个没有任何惧怕、死亡和罪恶的梦想世界,早在有文字记载之初便有人幻想和盼望了。尼普尔(Nippur)神庙的一块石板上,曾描述过一处公元前两千多年前被称为"迪尔梦之地"的地方——

迪尔梦之地纯洁,迪尔梦之地清净,

清净之地,光明之所:

乌鸦不聒噪,鹞鹰不啁啾,

狮不图猎杀,狼不食羔羊。

没听过伤害孩子的狗,没见过吞嚼五谷的猪。

眼目困倦的男人不说"我病了",

年纪老迈的女人不说"我老了"。

"迪尔梦"是一块充满生机、没有疾病和危险、没有死亡的土地,野兽不会抢夺人类的食物,也不会彼此残杀;在更深的涵意里,它是一个纯洁、清净、光明的境界。这个传说后来进入了《吉尔伽美什史诗》(*Epic of Gilgamesh*)①,其中的男主角吉尔伽美什启程前往迪尔梦,后来因受制于自己无可回避的死亡而徒劳无功。

单就文字来说,旧约时期的先知以赛亚对未来的世代也有类似的憧憬:"豺狼必与绵羊羔同居,豹子与山羊羔同卧,少壮狮子与牛犊并肥畜同群,小孩子要牵引它们……吃奶的孩子必玩耍在虺蛇的洞口,断奶的婴儿必按手在毒蛇的穴上。"(赛 11:6,8)但不同的是,乌托邦与上帝应许人类的未来有着极大的差别,乌托邦只是个幻想,让人在其中为自己的福祉作计划;以赛亚的预言,以及圣经中其他类似的预言,则是呼召人倚靠创造主,去实现上帝对未来的计划。

《吉尔伽美什史诗》写的是人类企图用自己的力量对抗"众神明"的邪恶势力;而旧约先知却是让人看见一块由上帝掌权的领域,并且在上帝的治理下,人可以自由地过着幸

---

① 《吉尔伽美什史诗》是四大古文明之一的美索不达米亚的文学作品,苏美尔人用楔形文字留下了世上最古老的叙事诗。——译者注

福和谐的生活。

缥缈的乌托邦

乌托邦的想法之所以产生,是因为世间充满了悲惨不幸,所以乌托邦的作者才想借着虚构的幻想来纠正世上的罪恶。柏拉图借着《理想国》设想了一个符合他哲学的理想城邦;莫尔(Thomas More)则在 1516 年写了《乌托邦》,这是他用想象力勾画出来的政治产物,随后带出了一系列关于城邦及共和国的乌托邦计划,当中的蓝图反映了几项假设:(1)人的天性是善良的、道德的;(2)人不需要上帝的帮助,可以靠自己的努力成就乌托邦;(3)设计乌托邦的人对于如何革除人性的弊端,知道得一清二楚。

这些蓝图有很多曾被用来当作政治宣言,以影响当时的统治者。康帕内拉(Campanella)在 1623 年写了《太阳城》,培根(Francis Bacon)在 1629 年写了《新亚特兰提斯》,哈林顿(James Harrington)在 1656 年写了《大洋国》,接着就有一连串建造社会的乌托邦方案出现,尤其是在大革命之后的法国。

随着十九世纪社会学和社会主义的诞生,一个策划乌托邦的新运动崛起了,包括马克思 1848 年的《共产党宣言》;巴特勒(Samuel Butler)1872 年的《埃瑞洪》(Erewhon);贝拉米(Edward Bellamy)1881 年的《回顾》;莫里斯(William Morris)1890 年的《乌有乡消息》。

受到威尔斯(H.G. Wells)科幻小说的影响,乌托邦概念产生了一个新的转折;由于科技势力日渐增加,人类便开始依照自己的愿望去重塑世界,这是前所未有的情况;至此,乌托邦变得更加模糊了。因为人们畏惧这种类似科学怪人"弗兰肯斯坦"的毁灭能力,导致了乌托邦的式微、没落。直到 1932 年赫胥黎(Aldous Huxley)写《美丽新世界》,1949 年奥威尔(George Orwell)写《1984》之后,乌托邦(utopia)就败给了它的对手——反乌托邦(dystopia)。对科技的追捧被证明比乌托邦的政治理想更加危险可怕。

不过,这些乌托邦精神本来就有些虚无缥缈,给人不真实的感觉,住在里面的人似乎是住在淡粉色彩的世界里,缺乏灵性。在那里面,所有的问题都被当作社会问题来处理,因为他们否定了个人的独特性,除了政府或统治者享有极权之外,所有人民都是一个模样或特质,毫无分别。这种观点看待人类纯粹是自然主义的,完全摒除了灵性的层面。于是,官僚政治在乌托邦中衍生、蔓延。骄傲和原罪对他们而言并不存在,人们不被允许有任何异常行为,也没有选择的自由。

自从莫尔的《乌托邦》一书出版后,人们构想的乌托邦大部分都是一种政治梦想,这削弱了人的创造力,同时对科学与技术存着肤浅的乐观态度。这样的乌托邦其实缺乏政治能量、个人动力,因为他们只是留在理智的抽象层次,而不是活在真实的情境中。乌托邦的希腊文同音字 u-topia,

字面的意思是"不存在之地"，而乌托邦 eu-topia 的意思是"快乐之地"，这就暗示着梦想之地是永远不会出现在地图上的。好比浪漫的爱情令人喜悦一样，乌托邦主义也可以令人开心，但却不能引导并转变人类的景况。

基督教的未来异象

末世论(即圣经研究里提到的末世情况)与乌托邦世界完全不相同，因为末世论是从上帝、而非从人类开始的；圣经说到对将来的盼望，是依据上帝介入人类事务的这个真理，而不是依据人类对未来抱持的美梦。因此，我们对未来的盼望实际上是一种信仰告白，它突破了纯粹世俗的思维，看见这是上帝做工将完成的、而不是人类靠自己可以达到的境地。所以，即使人类拼命努力，圣经末世论仍然对人类的混乱状态和道德破产有严厉的批判。乌托邦是诉诸人类理性，根据理性采取行动；等到人们实现梦想的努力逐一失败后，才发现圣经末世论早已为人类带来了盼望。

圣经末世论也指出上帝与人的关系，远远超越以人为焦点的成就；人类一切的成就，一旦摆在上帝这位创造主、救赎主和审判者的面前，就立刻黯然失色。事实上，上帝注重的并不是人的成就，而是人与上帝、人与自己以及与他人的关系。最后，末世论并没有为人类余下的历史定下"进程表"，因为未来完全由上帝掌控，他超越了时间与历史的界限。

合乎圣经的末世论,也借着另一种文学体裁来作说明,那就是"朝圣之旅"的体裁,以这种概念为主的书籍,是用寓言来呈现时间与永恒,其中最著名的包括:奥古斯丁的《上帝之城》,约翰·班扬的《天路历程》,但丁的《神曲》,朗格兰(William Langland)的《农夫皮尔斯》,斯宾塞(Herbert Spencer)的《仙后》,夸美纽斯(John Comenius)的《世界迷宫与内心乐园》。夸美纽斯用该书的副标题来陈述他的作品——

一幅明亮的绘图,显示出人间世事不过是一场混乱、震荡、挣扎、苦闷、欺骗、诡诈、悲惨、忧伤,最后落到全然的厌倦和绝望中。但是,那些一直与主独处的人,必能获致心灵完全的平安与喜乐。

对夸美纽斯来说,爱上帝、爱人乃是这种生活方式的精髓所在,也是圣经的教导。在该书结尾,他写道,朝圣者在许多"全心献给上帝"的人陪伴下,发现"万事变得轻省容易",他们可以拥有"丰丰富富的一切",委身在上帝里面的安全感,享受到"完全的平安","心中一直充满着喜乐",看见"上帝的荣光"。这些寓言性的作品,目的在于让读者更清晰地看见什么是真正的享乐、幸福、福气。这些作品并不是告诉你要梦想未来的幸福,乃是告诉你在今生便能拥有幸福。

所以,想象中的幸福有两种诠释,两者之间存在着张力。一种诠释是乌托邦式的幸福,圣经描述它为"人……终日所思想的",这种幸福是用想象力来崇拜人的理念和成就,并不是崇拜造物主上帝;圣经末世论的想象则与之成了鲜明的对比,乃是将想象力集中在敬拜上帝与信靠上帝。它从一些够好的层次转向更好,然后再移向最美好的境界,因为幸福的依据正是在于"单独与上帝同在"。接下去,我要从观察儿童的快乐感和想象中的幸福感,来探讨两种对幸福的诠释之间的张力。

有安全感的孩子是幸福的

莫尔与他大多数的跟随者不同,他在写《乌托邦》这本书时,明显地口是心非。他的乌托邦好似一个坐标不见了的岛屿;既然那是块"不存在之地",就永远不可能在地球上被发现。此外,书中叙事者有个希腊名字,意指"唠叨佬",暗示他所叙述的故事不过是一场毫无意义的唠叨罢了。莫尔自己在书中以一个多疑的听众角色出现,带着反讽的意味。整本书全是以滑稽方式去模仿和嘲讽社会现象,它不过是一种政治娱乐,对人类的处境并没有提供认真的处方。

如果我们想认真地寻获幸福的最基本体验,那么,想象力就必须集中在我们真实的处境上。我将以凯文、珍妮以及后面还会陆续提到的人为例,来反映出人们的思想和经验。

我们每个人里面都有一个"孩童"，即童年的我，正如我们也都有一个目前已长大成人的我。除非我们受伤的人格得到了医治和更新，我们里面那个未被医治的"孩童"，就会在生命中不断反复播放着那片"情绪光盘"。如果我们想在个人的操守上有进展，就必须聆听里面那个"孩童"的声音，让那个我能得着医治，才不会使我们本身、我们所接触到的人以及人际关系，一直因着我们的过去而受到负面影响。我们幸福与否，有赖于如何回应里面的我（孩童的我）。以下是诺尔特（Dorothy Law Nolte）在这方面的一系列观察，很有智慧地表达了人里面那个孩童的影响力——

孩子们从观察中学习。

在批评中成长的孩子，学会责难和论断；

在仇视中成长的孩子，学会愤怒和争斗；

在嘲笑中成长的孩子，学会害羞和退缩；

在羞辱中成长的孩子，学会内疚；

在宽容中成长的孩子，学会耐心；

在鼓励中成长的孩子，学会自信；

在称赞中成长的孩子，学会感激；

在公平中成长的孩子，学会正义；

在安全中成长的孩子，学会信心；

在赞许中成长的孩子，学会爱自己；

在接纳和友谊中成长的孩子，学会在世间寻找爱。

我们若要追求正直，必须从里面那个孩童的我出发。耶稣的话展现了这种智慧："凡要承受上帝国的，若不像小孩子，断不能进去。"（可 10：15）我们如何生，就如何死，除非有上帝的恩典介入、恢复、救赎我们童年的缺憾。我将用几个真实的案例，说明个人需要寻找自己的幸福。

内向的孩子

安德烈在人际关系上的发展非常迟缓，从十岁那年家里新装了电视之后，他每天都耗四五个小时在电视前。他的父母都是老师，对他十分冷漠，从不向他流露温柔或亲密的感情，所以电视成了安德烈的逃避方式，直到现在，他还不能破除看电视的瘾头，必须以看电视来放松自己。一切有关人际关系、性爱以及外面世界的知识，他都是从电视上学来的。

电视这个乌托邦世界，使安德烈变得非常自私，他不要靠别人而活，对别人的事情只会袖手旁观；他觉得自己可以控制别人，好像只要按键换个频道就成了，选择全在他自己，端看他是否高兴。他把世界其他的部分全关在门外，以为整个世界都可以纳入自己的房间里，他对真实世界的观点已经非常扭曲。生活的无聊，大大减弱了他的想象力，他缺乏创意，时时指望别人为他提供新的娱乐，心里充满了虚幻的刺激而不是实际的兴奋。为了逃脱平淡无奇的生活，他非常向往能去环游世界,见识各地。

结果,逃避变成了困扰安德烈的大毛病,他避开责任、避开苦差事,也避免作个人单方面的决定,因为怕别人会拒绝他。他避免主动向人表露情感,即使对亲近的人也是如此;然而,他又同时希望像电视名人那样受到大家的注意、欢迎和喜爱。

幸好,如今的安德烈已经成为基督徒。他性格的转变主要是建立于真实且深刻的人际关系。现在他敢承认:"把人际关系放在上帝的计划中,远比放在我自己手中更有意义!"他努力改变自己的生活以获得幸福快乐。这是他的祷告——

主啊!没有你,我无法面对日常生活中的每一件大事和小事,我只能逃避。求你帮助我正面迎向身上的问题,而不是逃避。主啊!请帮助我容许别人做坦诚的人,我不可以把他们变成给我提供娱乐或是听从我调度的对象;请帮助我能爱他们,视他们为独特的个人,请帮助我对他们仁慈,知道人各有特色,不一定都合我意。主啊!请帮助我接受生活中的平凡无奇,不需要充满兴奋刺激;请帮助我面对真实的世界,并且能亲身参与,这就表示,我必须有你做我最亲密的朋友。

做梦的孩子

　　丝黛芬妮八岁时,她的父亲突然去世(年仅三十八岁),使得原本就爱做白日梦的她,此后变得退缩且更爱独自沉思。在往后的三年里,她认为所发生的一切都是一场噩梦,希望有一天会醒过来,发现爸爸其实还活着。但是,她不知道自己哪一天才会醒过来——

　　那时候,我觉得我可以看穿别人,透过他们的眼光去看世界。我发现,我晚上做的梦生动得让我分不清楚那到底是梦还是回忆。几天过去了,我才发现梦里的某件事根本就没有发生过。即使现在,我还需要小心选择读什么书、看什么电影,因为我的想象力太强烈了,书中人物的态度、反应、苦痛和忧伤,都会深深激动我的情绪。我在没有父亲的环境中长大,家中全是女人,我却从来没把自己当成女孩。一直到二十岁,我成为基督徒以后,才重新接纳自己生为女性的身份。

　　成为基督徒以后,丝黛芬妮发现,她生命中最大的改变乃在于看事情的角度,即使只观看物质,她也能看见更深的属灵实际。她也意外地发现,儿时爱做梦的倾向使她更容易做一个有异象的基督徒。她坦承——

有人说我好像是另一个世界的人，或者说我里面有一些不属这个世界的东西。如果上帝要使用我儿时的遭遇，好让我对属灵领域有比较敏锐的感受，那我就欣然接受。在我的软弱和疾病中，上帝用他医治的大能触摸了我，又使用我的软弱为别人带来医治。

影子般的孩子

史蒂芬从小就很爱父亲，几乎寸步不离，他把自己当成父亲的影子，以致没有自己的生命。他渴望讨父亲的喜欢，但因为他只像个影子那样仿效父亲，所以很少得到称许。他父亲是个爱说谎、欺骗和玩弄女人的男子，很少陪伴史蒂芬。而他的母亲则完全相反，是一个诚实、正直、慈爱和讲信用的人，她的生命曾被上帝更新过。虽然史蒂芬也很想讨母亲的喜欢，然而，想同时讨好父母的那种张力，使他深感困惑——

我急欲讨好母亲，当我的行为像基督徒时，她就会很高兴。可是，我怎能一方面做上帝的儿女，另一方面又做我父亲的影子呢？这让我陷入极度的混乱和罪疚之中。

史蒂芬的青少年时期充满了恐惧，不知道该信任跟从谁。他很渴望以自己的方式过活，可是他自己的生活方式又是什么呢？于是,他逐渐发展出一种妥协的生活方式,反映了父母两方的矛盾价值观。平日的他会学父亲穿上黑皮夹克、戴上墨镜,仿佛是翻版的猫王,不停地听摇滚乐,周日则跟从母亲上教堂。

终于有一天,他自己的三个形象——父亲的影子、上帝的孩子、独行侠——齐聚一堂,联合向自己身上原有的"上帝形象"提出了质问。他这才第一次理解到,原来上帝是他的父亲,也是母亲。他在上帝里面解决了一个困扰他一生的冲突,就是"我到底是谁"。这在史蒂芬挣扎着要成为自己的过程中,是一个很重要的阶段。

在大学里,史蒂芬曾经处在一个激烈反基督教的氛围中,而这也帮助他后来体认到,他不能再拼命讨好每一个人,他对于自己以往那种影子般的生活感到生气,而且知道自己真正应该讨好的乃是上帝。这种人格的重塑并不容易,但慢慢地,他挺直了腰杆,学会维护自己的信仰。自从委身于耶稣基督以后,他在自己的身份认同当中逐渐成长,越来越成为一个真正的人。

受骗的孩子

凡拉蕊生长在一个父母看起来很相爱的家庭里,她很早就注意到,妈妈为这有五个孩子的家庭定立规矩。爸爸呢?他从不主动定规矩,而且常会自己犯规,却总有本事找借口脱罪,妈妈则轻易地就相信他。慢慢地,凡拉蕊发现,日子不是自己以为的那样美好,因为她发现妈妈会独自一人哭泣。有时候妈妈会叫孩子们全都出去玩,让爸爸休息,而在这种时刻总是会从爸爸的呼吸中闻到酒味。爸爸喝酒的次数越来越多,家中债台愈筑愈高,三餐变得越来越简单,用来买衣服和玩具的钱也越来越少。接着,讨债人登门追索,父亲旷工的次数也因此更多。

凡拉蕊直到十四岁才终于理解,那整个情况有多可怕。她十分渴望有一位让她感到骄傲的爸爸,但妈妈教她要勇敢面对,可惜这无法填补她心里的空缺和停止对爸爸的疑问。陷入愁苦的她,不再请朋友来家里玩,因为家境贫穷,许多梦想也无法实现了。就在这个危机时期,凡拉蕊奇妙地经历了上帝——

主来到了我面前,向我诉说他的爱,让我充满了无限的喜乐。我把对父亲的一切渴望,全部转移到上帝身上,我像一块小海绵,尽情地汲取上帝对我的爱,并且学着去分辨天父与我父亲之间的差别。不过,我只把上帝当成仁慈的施恩者,而不肯轻易接受他不仅仅是位施恩者的事实。一直到我走遍半个世界,遇到了许多教我如何去爱、去信任的朋友之后,父亲留给我的阴影才在我进一步对上帝的了解中消除,从此不再对“天父”的形象意义混乱不清。

耶稣说过的一番话,让凡拉蕊体会到上帝对她的顾念和关心是多么真实："凡劳苦担重担的人，可以到我这里来，我就使你们得安息。我心里柔和谦卑，你们当负我的轭，学我的样式，这样，你们心里就必得享安息。因为我的轭是容易的，我的担子是轻省的。"(太 11:28-30)平生第一次，凡拉蕊可以面对她父亲的酗酒问题而不再窘迫难堪，因为她已经真正知道，上帝是她的父亲，而且是时常与她同在的。

受虐的孩子

温妮弗的父亲是个凶暴的人，常常喝醉酒。有一天，她父亲酒后跟跄地回到家中，醉得一塌糊涂，一直盘踞着她的恐惧又涌了上来，她开始大哭，父亲狂怒之下，抽出裤腰上装有一个大黄铜扣的皮带，威胁说，如果再哭就要用皮带抽她，在极度恐慌之下，她以为父亲要杀她。她很惧怕接近父亲，总是躲得远远的。

有一次，她所信任的一位叔叔性侵了她，这更加强了她对所有男性的畏惧。她开始觉得，唯一安全的世界是女人的世界，她可以在其中付出爱，也得到爱，但也因此踏入了同性恋的世界。至今，她还是很难相信自己将来能够真正爱一个男人，更不用说愿意将一生交给他。后来，她渐渐从痛苦的过去得到释放，而她的感情生活也因着成长的洞见逐渐被上帝医治了。她开始效法使徒保罗的祷告："因此，我在父面前屈膝，(天上地上的各家，都是从他得名)求他按着他丰盛的荣耀，藉着他的灵，叫你们心里的力量刚强起来。使基督因你们的信,住在你们心里,叫你们的爱心有根有基,能以和众圣徒一同明白基督的爱是何等长阔高深,并知道这爱是过于人所能测度的,便叫上帝一切所充满的,充满了你们。"(弗 3:14-19)

温妮弗一直学习这样的祷告,实际经历的基督的爱深深地进入她受伤的心灵。现在,她是"植根于爱中"而不是"植根于恐惧中",害怕、愤怒、怨恨都被赶出了心房,这是何等大的惊喜!旧有的生命被铲除,就像一座根基不稳的危楼被拆毁一空。一座有基督在内的新家建造起来了,这是一个"建立在爱中"的新家。温妮弗现在是一位咨询师,对别人有极大的爱心和敏锐的同情心,这些恩赐反映出她已经得到医治,确实已从过去的暴力阴影中走出来了。

童年的象征

还有许多其他各种类型的童年经验:被宠坏的孩子、被忽略的孩子、长期孤独的孩子、个性倔强的孩子、喜欢批判的孩子、很自卑的孩子、"乖"孩子等等。我们每个人的独特性都反映出童年时的内在自我形象,这个形象比指纹还要个人化,所以若想成为完整健全的人,我们绝对不能忽略自己的童年,因为童年是橡子,大橡树是从其中长出来的。

很有意思的是,每一次当浪漫派运动企图唤醒那些被理性文化压扁的人文理想时,总会不约而同地返回人的童年,这也解释了为什么有些儿童故事会同样地吸引成人,例如《爱丽丝梦游仙境》、《柳林风声》、《纳尼亚传奇》等。从观察孩童的过程,我们可以看穿种种托辞和层层伪善,在成年时期继续被用来作掩护。

孩童的潜能会随着年岁日渐发展、增强,但是,孩童时代的创伤仍会存留不去,因此,我们必须回到童年,救赎我们的过去。一旦童年的裂痕或不足处理好了,我们就能学着活出更丰满、健康的人生。主耶稣了解小孩子,他知道孩童经验对以后的成人生活具有象征性的价值,所以他说:"让小孩子到我这里来,不要禁止他们,因为在天国的,正是这样的人。"(太19:14)耶稣用这个象征是要向人指出,孩子般的信靠和单纯乃是天国公民的标志。带领儿女与耶稣建立信靠的关系,这是我们最大的权利,可以让孩子的品格由此塑造,我们每个人的诚信、正直都是从这里萌生的。

培养内在空间

我们看到每个人里面的那个孩子都保存了童年记忆的录像(像个影碟一样),影响了日后个人的成长和人际关系的发展。有些男人无法与女人建立正常关系,或有些女人也无法与男人建立关系,原因常可追溯到童年的经历,就如同透过温妮弗的故事所看到的。我们与别人一切关系的背后,都藏着与经历情绪相关的故事。

现在,我们面临了一个关键问题——如何培养自己内在的空间,就如栽培一座秘密花园一样,到时机成熟时,便能结出美好的属灵果实?我们内在的生命如何能带给别人平安和喜乐呢?一开始,我们不妨去了解那些成功地与自己童年重归于好的人,他们的路径与指标可指引我们前面的路。

名著《蝇王》的作者威廉·戈尔丁的经历,可以让我们一瞥这一旅程。戈尔丁的父亲是位科学老师,只信从合乎科学的世界观和逻辑。年幼的威廉常常躲到一棵枝叶延伸到隔壁教堂墓地的浓密大树上,逃避他父亲那自认无所不知的冰冷信仰。他在树上可以享受独处的时光,而且能偷听到树下一对恋人的亲密私语。后来他又独自浏览大英博物馆,站在埃及木乃伊馆内,他着迷于中古的死亡符号,并且寻思生命的神秘性。借助在独处中感受这个内在空间,戈尔丁在他的作品中提供了许多透视人性迷宫的深刻洞见。他已经敏锐地意识到自己里面的那个孩子。

有些儿童是自愿寻求独处,但有些是被迫如此。对基督徒作家路易斯而言,儿时的阁楼是他与哥哥在雨天里彼此讲故事的一个城堡。在他的名著《狮子、女巫与魔衣橱》里,露西与兄姊们就是经由一个被遗忘在阁楼房间里的旧衣橱进入"纳尼亚王国"的。也有些人是因为聋盲而被迫独处的,在那样安静的世界里,却发现了另一个充满创造力的世界。

贝多芬失去听力的时候只有二十六岁,对一位年轻的音乐家来说,失去听力是极其深切的痛苦!他在留给兄弟的遗言中自承:"当站在我身边的人听见了远处的笛声,但我却什么都听不到;当有人听见了牧羊人的歌声,但我却什么也没听到时,这对我是何等大的羞辱啊!这种情况往往令我绝望至极,只要再超过一点,我恐怕就会结束自己的生命,实在是靠我的音乐才华将我自己拉了回来。"

另一位伟大的艺术家戈雅(Goya),中年得病以后耳朵就聋了。他原本的个性是喜欢讨好人,这充分表现于他替西班牙皇宫贵族所画的肖像画中,但自从耳聋以后,他丢下了以往肤浅的生活方式,开始深自内省。这并不是件容易的事,结果竟促使戈雅发展出一种想象人间黑暗的惊人能力,而画出了拿破仑战争的血腥残酷以及其他一幅又一幅的撼人画作。为他写传记的作者马洛克斯如此总结发生在戈雅身上的事:

他若要看见自己的天才,就必须敢于放弃讨好人的习性。耳聋阻断了他与所有人的联系之后,他发现作为一个旁观者的脆弱性。他体认到,画家只需要与自己缠斗,早晚都能征服其他一切。

还有些人是因为被迫入狱而生出无穷的创作力,例如俄国作家索尔仁尼琴,他用强而有力的风格描述了他的牢狱经验;约翰·班扬则写了世界名著《天路历程》。不过,并非每一个人经历牢狱之灾以后都能够坚持信仰,而且保持精神正常。在英国达拉谟监狱里,有位长年受监禁的囚犯这样形容:

你能想象被终身监禁是什么样子吗?你的梦想转为梦魇,你的城堡化为灰烬,你想的只是无法成真的幻景,最后,只好背对现实,住在一个扭曲的假想世界里。

索尔仁尼琴在前苏联的劳改营中也体会到这种孤独,他很深邃地用了一种救赎性的方式来表达——

牢狱的岁月,几乎压断了我已弯曲的脊背;我从中学到的宝贵经验,就是明白了一个人是怎么变坏、怎么变好的。我少年得志,曾经陶醉在自己的成功里,觉得自己绝不会跌倒,结果,我变得很冷酷,以为大权在握,就可以任意杀害和欺压别人。在我最邪恶的时刻,却深信自己是在行善,而且还理直气壮;一直到我被关进古拉格群岛劳改营,躺在腐臭的地板上,我才第一次察觉到自己里面良知的悸动。我逐渐开始明白,那划分善恶的界线,并不是画在国家之间,不是画在阶级之间,也不是画在政党之间,而是画在每个人的心里。这就是为什么当我回顾坐牢的岁月时会说:"监狱啊！我赞美你。"这句话真令周围的人吃惊啊！

另外一些人在独处时，却是陷入疯狂的状态，例如萨德侯爵(Marquis de Sade)变得非常痴迷权势，在写完种种史上最荒谬怪异的作品以后，他在疯人院终其一生。尼采也嗜权若渴，最后精神失常。希特勒在自己坐监的日子里写下邪恶的《我的奋斗》，这本书与屠杀犹太人的悲剧事件有难以脱卸的关系。

无论我们是否喜欢，"如何选择并运用自己的独处方式"，既影响了人的童年，也是一生要面对的挑战。乌托邦式的想象力与生活中的实际相比，完全微不足道！很遗憾的是，莫尔是因为《乌托邦》而非另一本著述而出名；他的另一本著作《有关苦难之慰藉的对话》(*Dialogue of Comfort Against Tribulation*)确实是本智慧巨作，是他在 1535 年被处死前不久于被囚的高塔中所写的。可惜这个世界情愿把玩乌托邦，而不愿面对真实人生的苦难。

幸福是与别人建立关系

幸福端赖于在一种创意的独处和友谊的付出与得着之间达到平衡。富有创意的人无法单单从自己的成就中找到完全的幸福。如果我们童年时的孤独没有透过人际关系得到医治，就会继续失衡，太过内向。无论我们多聪明、多成功，如果不能与周围的人产生真正的联系与友谊，最后仍然会有失落感，导致不快乐、不幸福。

这就是圣经《传道书》作者的主题思想。这卷书写成的年代，差不多与前面论到幸福的希腊哲学家同时（见第3章）；作者观察了人类活动的整个范围，包括创新、经营、爱情和虔诚的感受。他认为，凡事都有定期，每个人也各有自己的位置，而且又在3：10－13加入了这段话："我见上帝叫世人劳苦，使他们在其中受经练。上帝造万物，各按其时成为美好，又将永生安置在世人心里。然而，上帝从始至终的作为，人不能参透。我知道世人，莫强如终身喜乐行善，并且人人吃喝，在他一切劳碌中享福，这也是上帝的恩赐。"然后下结论说，谈到义或正确的关系，最重要的就是我们与上帝的关系。因此他再次补充说："我知道上帝一切所做的，都必永存。"人的愚昧，常常使自己被各种人事物（都是受造的）迷惑，甚至去敬拜他/它们，而不知应当敬拜那位真正的造物主。

孤独和害羞的人也很容易沉迷于音乐世界，甚至无法自拔，如亚荣生（Alex Aronson）这位作家所说："在所有的艺术创作中，音乐能将一个人从他所处的当代社会中抽离出来，让他察觉到自己与别人的分别，又为他的生命提供个人的意义。这与他的社会地位或个人的忠诚度毫无关系，却是个万无一失的求'生'之道。"

音乐虽然伟大，但也不过如马丁·布伯（Martin Buber）所说的：它是一种最低阶的关系，即"我与它"的关系。我们与大自然的关系也是如此。我有一位从巴布亚新几内亚来的朋友,他记得小时候与爸爸一起出海打鱼的情景。每一次在眼前澎湃的海浪都能令他心中升起一股神秘的冲动:想与浩瀚海洋打成一片,想与海平线上日出日落的壮丽融为一体。虽然这样的感受很强烈,然而,单单与大自然认同是不够的。英国诗人华兹华斯(William Wordsworth)有一次与妹妹多萝西站在瓦伊河畔时,忽然间有所领悟——

你该不会忘记,在这愉悦溪畔,我俩驻足。长久以来,我崇拜大自然,乐此不疲;唯愿我以更温暖的爱、更深的热情,切慕那神圣之爱。

对华兹华斯和其他许多过惯孤独生活、畏惧拓展人际关系的人来说,泛神论要比基督信仰更具吸引力,也更"自然",不像基督教那样一定要人显露自我、坦然接受爱。或许是他妹妹的爱,才使他从对事物的"我与它"的关系中觉醒过来,开始领悟到上帝无限的位格和他的大爱,以至有了"我与你"的最高阶关系,从而引发他"以更深的热情切慕那神圣之爱"。

华兹华斯从爱大自然进展到爱朋友,再进展到爱上帝的这段过程,是艰辛的。他在诗集献词结尾写下:"你是我最亲爱、最亲爱的朋友"。这指的仍是他的妹妹而不是上帝。从人类的手足之爱进展到爱上帝,从爱邻舍进展到爱

上帝,他还需要走很长的一段路程。他诚实地作了这样的告白:

我一生都活在快乐的思绪中,生命有如夏日,色彩斑斓。日用所需似乎唾手可得,即使信仰不冷不热,美善之物依旧丰富。然而,他若对一切视若无睹,又怎能期望别人回应他的呼召,爱他、替他建造并耕耘?

这个时候,华兹华斯还没有真正明白上帝的爱,所以认为上帝不关心人类的存在和个人的需要。因此,他的例子让我们看见,我们需要寻求那种超越爱大自然、甚至超越爱别人的爱;我们需要上面爱德华兹所论到的那种爱。

前章已经讨论过,认知疗法的错觉,使人误判了理智比人内心深处的情感更重要;这一章则是讨论人必须同时运用想象力,正如麦克穆雷(John McMurry)于四十年前的智慧之言:"理智是一种功能,只能零碎地处理生命;理智必须提炼、萃取;只有在情感生活中,人格的合一性(包括个人与社会两方面)才能得到实现。情感正是生命中的统合要素。"不过,信仰又将我们往前带了一步,因为信仰为人开发出"我与上帝"的独特关系,这当然超乎人类的认知及经验,也改变了友谊的性质。友谊既是生命里活生生的经验,也是信仰中不可或缺的部分,这就是为什么说"宗教的大敌乃是个人主义"。个人主义是一种自我中心,这将在本书后面另作进一步的探讨。

最幸福的生命并不是致力于追求"成功"的生命，那只会分裂我们的人性；一味地追求"成就"的社会，只会加深人与人之间的疏离感。我们需要寻求的不是成就，而是身体、理智、灵魂的整全。华兹华斯在他的《序曲》里认清了这点——

长久以来，我们已被匆忙的世界弄得四分五裂，我被世事烦扰，也厌倦了享乐。独处，变得多么美好，让人心旷神怡。

是的，就像前文提到的那些故事所反映的，独处必须与我们的各种关系互相配合，才能带来创造性而非毁灭性。这不仅适用于人与人之间的关系，也适用于人与上帝的关系。他是许多人已寻找到的上帝，即使是像索尔仁尼琴这样在狱中的人，也能找到他。

第 5 章
幸福治术

没有一个诚实的人会声称,现今在人类当中,幸福是一种常态;不过,幸福或许真能变成常态,这也是所有严肃的政治争议中企图触及的问题。

——乔治·奥威尔

除了前章描述到的各式幸福处方之外,还有一种所谓的"幸福治术",它是根据健康与行为科学,为人们设计的一套"提供幸福的专业服务"。这整套东西对现代人心灵的影响,超过古典哲学家对心灵宁静的知性寻求,也超过社会学家对乌托邦的向往,因为它是一个打着"科学"旗帜的新兴的世俗宗教,所以人们对它的理性权威和专业名声极为尊敬。

如此一来,追求幸福不再像《天路历程》中那样是一种个人的追寻,而变成像一种与数千人一起沉浸在加州水晶大教堂里的事(那个教堂的牧师已变成了高效率的企业家)。寻找真幸福的时代已经过去了,广告专家告诉人们,只要买他们的东西,幸福马上会出现在眼前;只要使用了正确的除味剂,或选对了汽车,或是住在好的社区里,以及最要紧的是确保了成功的事业,这样,你就拥有了幸福。

这就是为什么我接下来要谈"幸福治术"。或许还有另一个造成现代人热衷于此的原因,就是不再需要整天担心天气会影响到我们的福利,至少对大部分的城市人口是如此。以前的人身处大自然的威力之下,随时面临饥荒、洪水和旅途上的危险,而现今的人害怕的是破坏了大自然环境。因此,现代社会的富足将人的忧惧从自然界转移到了自己身上,包含自己的人际关系和自己的内心问题。农民或原始社会的人根本没有接受心理治疗的优裕享受,因为"如何求生存"远比"人缘好不好"的问题紧急得多。很多人浪费太多时间看电视剧,还把戏剧情节应用在别人和自己身上,这岂不是证明我们的富裕也同时导致了生活上的无聊吗?除了看心理医生、看牙医、找药剂师配药以外,现在又加上了可以定期造访的专业咨询师或心理学家。

弗洛伊德的躺椅

相对来说,精神科学和心理学在人类历史上是较后起的学问,直到十九世纪末才出现;第一次世界大战以前,运用得并不普及,但现今已具有极大的吸引力和意义,但焦点不在于提供幸福的处方,而在于处理不快乐的原因。精神医学注重消除忧郁、焦虑、精神分裂、偏执狂等类的病症。忧虑的终极原因是死亡,虽然弗洛伊德看出它在人类情绪生活中的重要影响,但精神科医生很少会实际处理到这个核心问题。

精神医学与其他的医学一样,是假设疾病只有借助自然的方法才能得到医治,它不考虑宗教信仰或超自然的层次,尽管面对的是人类的情绪或精神领域也是如此。于是导致精神医学界越来越注重使用药物来治疗情绪病症,比如说镇静剂、抗忧郁剂、抗压抑剂、心灵释放剂等等。合法使用药物却忽略灵性的需要,这种情况是不是与现代毒品成瘾的文化成为一种巧合?会不会是那些精通处理情绪的精神专家们,其实他们自己也压制了从其他途径解决情绪问题的方式呢?

由于精神病学本身具有自然主义的偏见,故一向带着强烈的生理学传统,所使用的疗法诸如电击疗法、胰岛素疗法、神经外科手术等等,都是从生物学的角度来处理病人不快乐的问题。精神病学还有一个旁支，就是"心理治疗"，这是用言语表达的方法来解除焦虑和压力，它的基本假设是：人不可以压抑任何感受，反而应该好好对付心中一切不自觉引起的冲突肇因，这些内心不自觉的冲突可以在治疗师的协助之下，从病人的谈话中浮现出来。这是精神病学上一个巨大的突破点，在医治人的时候，开始兼顾到身体和精神两方面。这是其他科学从未采用过的方式。

"心理治疗之父"弗洛伊德对现代文化影响至深。弗洛伊德与哥白尼、牛顿一样，都是革命性的人物。他本来是位神经生理学家，曾用催眠术实验治疗歇斯底里症。等到病人愿意讨论情绪问题后，他就放弃催眠治疗，开始鼓励病人躺在他那张著名的长椅上，要他们尽量放松。他鼓励病人任意道出想说的话，无论内容多么淫秽、荒谬、不愉快，都无所谓。

弗洛伊德收集了许多案例之后，便开始发展他的精神理论，例如：潜意识动机，压抑（这是使经验成为不自觉的方式），抗拒（这是使经验继续保持不自觉的方式），转移（心理分析师与病人之间的情绪关联），以及从这些过程中产生精神官能症的肇因。

后来，他所有的理论几乎全部都聚焦于性需求上。他的一位同事阿德勒（Alfred Adler）因此与弗洛伊德的心理分析圈子决裂，因为阿德勒主张，人类特有的权力斗争情形，不单单是为了解决弗洛伊德所说的性满足，同时也是为了解决人的自卑感。三年之后，弗洛伊德的另一位同事荣格（Jung）也离开了他，创立了另一门学派；荣格关注的是喻象与宗教。

在此时期，第一次世界大战造成成千上万的士兵因为战争而身心受创的事实，冲击着弗洛伊德，使他不得不考虑性压抑之外的因素。如果说"生存的本能"大部分是着眼于性欲的满足和生殖后代，那么"死亡的本能"又是什么呢？战争带给欧洲的极大恐怖，迫使弗洛伊德必须思考这方面的问题。人类是否天生就具有侵略性和自我毁灭的倾向？自杀是否只是人处理侵略欲受挫失败后的表现呢？

在探测这些领域时，弗洛伊德首先尝试处理深埋心底的"潜意识"，再将潜意识转为"意识"。然后，他看到心灵升华的重要，也就是把侵略欲转移到其他有建设性的事务上，比如说，让纵火犯加入消防队、让罪犯变成警察。接着，弗洛伊德开始处理人际关系，以探索心理分析师与病人之间的关系。最后，他相信"文明乃是人类的侵略欲以不同方式所升华的产物"。他举的例子大多是从古典世界来的，特别是从俄狄浦斯（Oedipus）、伊莱克特拉（Electra）这两则神话来的。对弗洛伊德来说，宗教是要将人内在的欲望显明出来，所以他把宗教当成一种"普世人类共有的强迫性精神官能症"，而在宗教里的各种压抑会不断地助长更强的精神官能症。他认为文明也是如此，当社会愈文明，就会有愈多的压抑、不满和精神官能症的产生，而比较不文明的社会,其中的压抑和精神官能症相对较少。

不过,弗洛伊德也认识到,文明不发达也未必能更幸福,因为一旦将文明的抑制力挪除,人性的真面目就会一览无遗。他形容那些放纵感觉的人是"野兽,他们从未想过应该放自己的同类一马"。事实上,弗洛伊德不是预言人类幸福的先知;他预言的乃是黑暗和毁灭。显然,人性已经注定了人类的毁灭。

心理分析的威力

如果"治术"就是运用权力,那么,心理分析至今还维持其权力基础,是因为下面几点理由。

第一,心理分析是一套严肃对待人性的理论。在首章我们已看到,假如我们的人格类型是表达各式逃避和自欺的方式,那么,心理分析就有其存在的价值。它用不同层次的解释,加上微量的假设,以经济的方式来解释关于人的大量数据。如果你一定要做世俗主义者,拒绝任何"自然"、"科学"以外的思想范畴,那么在这样封闭的思维系统内,心理分析有其令人信服的功效。

第二,当心理分析把焦点放在人的身心关系而非心灵时,其效果最佳。这就是为何大家都承认,用药必须适量,以及为什么一些精神科医师对于个别疗法的缓慢疗效感到不耐烦,因为某些神奇药物带来改变的速度非常之快。

第三,弗洛伊德的心理分析强调"性",这也是专注在身心关系,因为"性"是表达人的身、心两方面。但是其他的精神病学家,像荣格等人,却反对弗洛伊德这种过分注重"性"关联的解释,尽管人的性欲确实有威力。

第四,心理分析方面的治术在道德方面很薄弱。精神病学家常为刑事案件上法庭作证,他们把一大堆的罪行归咎于精神疾病,导致人们滥用个人的道德选择,滥用自由。有一位评论家这样说:"雇主听到自己工厂的经理患了焦虑症时,虽然会感到遗憾,但他真正想知道的是,为什么这位经理有了这些症状就有权要求在家休息呢? 尤其是在重大工作接踵而至之际。或者,当法官听到精神病学专家说:有一个因为死缠别人而被逮捕的男人,向来是位同性恋者;某位偷铅笔的尊贵女士,她其实是象征性地借此窃取一份爱情或是某些更具体的东西(如果这位精神病学家是弗洛伊德学说的忠实信徒的话);某位攻击警察的莽汉,其实是在借此攻击那每周六晚上醉酒后毒打他母亲的父亲。法官听到这些话时,完全知道这位精神病专家在说明什么,可是法官很可能想不通,这些究竟与触犯法律有何关联? 因为,按照绝大多数人的理解,解释犯罪原因并不等于可以不让罪犯伏法。"

心理分析虽然反对自我欺骗,但是它对人类的信仰生活存在偏见,便以人类童年时的需求和愿望的观点来解释任何宗教,这方面就显出它太幼稚了。基督徒学者维兹(Paul Vitz)曾有效地运用心理分析法,来解释弗洛伊德的反宗教信念,发现弗洛伊德不过是在表达他本身潜意识里的需要,以及他儿时的创伤经验罢了。有一点要注意的是,弗洛伊德缺乏医治有信仰的病人之经验。早年他因失去了一位笃信宗教的保姆而患上严重的精神官能症,所以这位保姆在他心中成为一位令他失望的"不忠的、信教的、兼具保姆与母亲角色"的人。他也弃绝自己的犹太裔背景,这等于弃绝了自己的父亲;他更拒绝让上帝担任"父亲的角色"。这些都显明心理分析这把刀的解释是两刃的,一方面是反对宗教热忱,另一方面又极力攻击无神论。

确实如维兹所指出的,心理分析的理论架构依附无神论的情况比依附宗教信仰更多,因为无神论更加清楚地说明弗洛伊德有关"压抑"、"投射"、"固着"等观念,以及说明有关对健康和友爱关系的信赖。共产主义也想要铲除宗教,以无神论取而代之,这项努力同样会完全失败,因为与马克思革命开始之初相比,现今信仰上帝的人数越来越多,而相信无神论的人则越来越少。将来,精神病学、心理学都需要用更诚实的方式,来回应上帝存在于人类生活当中这一事实。

心理学治术

人类的行为是一极不明确的领域,它的含糊性在心理学那里可能更显严重,因为相较于精神医学,心理学是一门更注重描述与观察的学科;精神医学则是一门医学专科,主要目的是医治病人，主要方法是使用药物。追根究底，精神医学其实是源于心理学，而心理学是源自哲学，所以它始终保持着较多的描述和分析，却比较少关注人的健康。当然有人可以辩称，临床心理学家或咨询师很注重病人的情绪健康，而且他们与病人建立的关系常常胜过精神科医生。因此，心理学界有两道分支，一为偏重学术性和观测性，一为偏重临床性，这就比较多涉及人们的生活。

许多心理学家，他们与带有弗洛伊德传统的无神论者一样，在道德上持中立姿态，结果就让心理学变成一种治心的伪科学，而且尤其容易受到流行文化的伤害，对文化中的某些心态造成影响。爱玩乐的人格类型好比典型的"加州人"或"澳洲人"，常常悠然自得地闲逛、喝啤酒、待在海滩上，那里便是展示、营销"幸福治术"的大好市场。在那里，心理治疗是设法用充分的咨询让人继续快乐下去，可以在性放纵之后逃避自己心底的不安，以及在上帝面前逃避或遮掩罪恶感，逃避自己当负的责任（可能因为家庭破碎或其他的失败因素），而这一切只会导致人更深地陷入自恋。现今存在着一个庞大的"幸福工业"，鼓励大家做时髦的"心理人"。然而，无论再怎么精于自我分析，人们还是时常在道德上愚蠢至极。

这样的说法，对那些好的家庭和婚姻辅导有些不公平，因为有些咨询师确实付出了真心的关爱和照顾，使许多人免于精神崩溃甚至自杀。不过，大多数咨询师都倾向于"顾客永远是对的"这种服务心态,因为涉及金钱交易的友情必定承受一定程度的压力,令治疗师难以直接说出道德原则、挑战病人,好让他们看清自己的罪恶和心理疾病。如果"自欺"是所有人的通病,那么"用爱心揭露真相"就是非常必要的行动,可以减少、防止人在追求享乐的世代所盛行的文化中昏蒙沉睡。一种不具道德意识的心理学,再加上一个沉迷药物的文化,可以使美国宪法提倡的"幸福的权利"在社会中造成毁灭性的结局。

心理学给现代文化所开的处方,还应受到更多的指控。《魔法师的学徒》一书作者利奥雯教授(Mary Stewart Van Leeuwen)就清楚地指明,心理学应该在一开始就被定位为"人文"学科。物理学家奥本海默(Robert Oppenheimer)在1955年的心理学家年会上也回应说,心理学不该被纳入"自然科学"的行列,因为人类不只是物质而已,这是任何一门科学,尤其是心理学,都应该体认清楚的事实。这番话在当时很少有人听得进去,所幸现在终于有人开始听懂了。

精神医学因为是出自心理学的科学,所以它自认为科学,这是情有可原的,但是哲学也这样认定就没道理了。心理学界自认科学是它的前辈,例如德国的冯特(Wilhelm Wundt),他于1879年设立了第一个心理学实验室,他与美国的詹姆斯(William James)起先都是生理学家出身,也都很注重实验方法,所以就使用这种方式来解释一切的心理现象。

世俗主义和对宗教的偏见更加强了心理学具有"科学"成分的说法,尤其在美国,许多心理学界的领导成员原本是神学生,却在半途中失去了信仰(也可能是他们之前就没有真正的信仰),结果因此发现自己不适合做牧师。宗教上的反感或不认同使得他们更受到自然科学的吸引,远胜过自然科学家受到的吸引。

第二项应该指控的是,心理学本身已变成一种宗教,像是另一类崇拜自我的异端。心理学理论的作家,例如弗洛姆、罗杰斯(Rogers)、马斯洛(Maslow)、梅(May)等,他们也同时变成了心理学的推手,让信从者将他们认为只是理论的东西拿去付诸实行。"相遇小组"①、伴侣交换、性实验,还有接受同性恋等等,竟都开始变得"正常"了,因为他们认为人类的所有冲动都是"自然的"、"美好的",而"抑制是错误"的。有许多心理学家的中心道德思想其实就是"一切为委托人的福祉着想"。这并不难理解,因为在营利事业目的之下,只能容让顾客永远是"对的"。扭曲观点之后,又因着他们辩称自我主义是既"科学"又"道德正确",所以就更变本加厉了。现今,人们最热衷得到的,岂不就是文化中的科学主义和"我"这两座"大神"的尊敬吗?

这样看来,就难怪我们会住在一个"自恋文化"当中,成

---

① 相遇小组(Encounter Group)是二十世纪六十年代随着人文心理学的普及而兴起的一种心理治疗方式。——译者注

了一个"我"世代,青少年奉此为生活信条的程度,令我们忍不住大叹"与青少年同住简直是地狱般的煎熬"。的确,这一切导致不负责任的文化是多么幼稚。职业心理学家维兹如此表示:

人文自我主义并非科学,它只是一种广受欢迎的替代宗教,滋养又传播今日流行的"自我崇拜"这个异端。

为了对情绪健康的专业公平起见,我必须指出,近来对精神病学和心理学的强调,已经有相当大的改变,尤其是在欧洲。在弗洛伊德有生之年,人们普遍认为,如果一个人觉得幸福,一定是享有满足的性生活;如果精神上不快乐,一定是在性方面不满足。性变成了衡量一切幸福感的标准,这种印象迄今仍然相当普及,特别是在北美。可是有新一代的精神病学家,例如鲍比(John Bowlby)等人,很有兴趣研究战时婴儿的依赖性,以及他们与别人的依附关系,是如何影响了他们日后的情绪发展和人际关系。心理分析常被批评为个人主义色彩太浓厚,变成纯粹只是医生与病人之间的关系,而今已有更多的研究发现,个人与他人的关系以及家庭的历史所造成的影响可以延及下一代。

这是对人类景况一种比较健康和实际的评估。然而,从前那自我放纵式的治疗所造成的影响,仍然冲击着我们的文化。现今的情势有两种现象在赛跑:一种是破碎的家庭持续增加;另一种则是更注重亲密社交关系之观念的复苏,而人与人之间的这种健康关系可以为子孙后代提供情绪上、属灵上极重要的益处。

造成最大伤害的其实是"人的独特性没有受到承认"。人类行为科学无一能满足人独特的心灵对幸福的渴望,因为科学只能笼统地描述,却缺乏具体性,无法与个人产生关系。唯有爱能满足人的独特性,而且最终只有上帝的爱能使人得到并维护任何实质意义上的人格成熟。人与上帝之间若缺乏活泼生动、与日俱增的交流,人格就无法达到或维持相当的成熟度。如果我们对上帝没有强烈的、坚定的信心,就容易继续被某种成瘾的行为捆绑住。

"我"世代

在以前的世代,比较容易判定"自私"就是错的,而今却大不相同了,由于有太多人缺乏道德,这种简单的判定变成具争议性的事了,很多人不再判定对错,而是选择左右。大家普遍认为,如果你老是讲道德,你就是"古板",是想要守住传统价值的"保守派",因此属于"右"派;如果你是"左"派,那就要在道德上和政治上都表现得"激进"。

对这种社会氛围的产生,流行心理学要负很大的责任!它把人的饥渴从追求个人的救赎,转移到追求微不足道的琐事,例如短暂的刺激感、对幸福的幻想、身体健康和心理上的安全感等等。人们一直在流行风尚中调整个人的"生活形态"，生活在一连串属于生物层面的新奇事物中。"我感觉不错"其实只是生活在各种具有变迁性的关系、工作、享乐、处境之中的一种反射性感受而已。有一则染发剂广告宣称："如果我只能活一生，那么让我这一生做个金发女郎吧！"对于这种靠自我能力的想法，社会上还有一种错觉认定："只要我喜欢，我就可以做。"然而，一旦你面临同侪压力，发现自己需要靠别人以提高自尊的时候，这种想法就彻底瓦解了。在现今这个越来越任性放纵的社会里，制度化的权威已日渐衰微，也让这些错觉和不实际的想法变得越来越强烈。

我们正处于文化革命当中。这场革命始于二十世纪六十年代，所造成的改变有实际数据可证明。《新规则》(*New Rules*)作者杨克洛维奇 (Daniel Yankelovich) 列出了社会中已有显著变化的二十种规范，包括家庭价值、性别角色混淆、婚姻破裂、自私心增强、缺乏个人牺牲精神、对社区冷漠不关心、孤单感增加、争斗性的女权主义、政治腐败加剧、惨烈的商业斗争、教育界的道德沦丧等等，这一切都显示了我们并非活在幸福的时代。

这些改变的幅度涵盖了现代生活的全部，从个人内在生活的私人领域，到家庭和社区生活的半公开领域，一直到国家、国际公民角色的公开领域。所有领域都遭到了侵犯，而且已经看见传统的制度不断受到破坏。根据传统，个人的幸福是源自他的工作、家庭和信仰，如果抛弃这些价值，转而依从某些疗法去过日子,这样的做法需要很大的信心,因为风险非常之高。

我们的文化是不够成熟的。如果生命的意义仅仅只能建立在满足自我需要上,实在是极其幼稚的行为。无论是孩子还是成人,沉迷于物质上的满足就是不成熟的象征;最后,以自我为中心的幻梦只会导向失败、毁坏,"我"世代将被困在一个叫"期望落空"的荒岛上。

资本主义的冲击

如果世上有百分之九十或更多的人口都涌入城市生活,那么,人在生活各个领域中原本举足轻重的东西,都会变得渺小起来,人的身量也会因为摩天高楼、机关组织和资本主义官僚而缩小。奈思比(John Naisbitt)在他的《2000年大趋势》(*Megatrends*)一书中说,人天然的反应是"放弃从别人那里找到帮助的希望"。奈思比认为,在二十世纪七十年代,人们开始唾弃全套的外在组织制度而转向内在的自我寻求帮助。比如说,人们为了自己的健康,不再寻求当地医生的建议,而是开始自己慢跑、节食、吃健康食物;父母更仔细地监督儿女的学业;旅行者自己查看旅游套餐内容;小型企业暴增;学习自己动手维修住宅、保养汽车,甚至把"自己动手"的观念应用在宗教信仰中;虽然保护生态的议题太大、太遥远,但至少可以把自己的花园整理得漂漂亮亮的。

多重选择性已经代替昔日非此即彼的有限选择。从前不是结婚就是继续做单身汉或老处女，现在却有另类选择，包括杂交、同居。从前不是朝九晚五全职上班就是失业在家，现在却可以选择半职、兼职，也可以在换工作的空当休息一阵子，或另外创造其他机会。从前的冰淇淋不是香草口味就是巧克力口味，现在则有各式各样的口味可供选择。这种提供多重选择的社会已经成为一个新兴的"竞技场"，广告商的推波助澜更为社会带来许多的担忧、不安甚至恐惧。而社会的多重选择性也为教育界、艺术界、宗教界、政治界或娱乐界提供了越来越多的自我表现机会。这些都在暗示人们，只要有足够的人愿意跟从，任何怪点子、怪东西都会有市场。

广告的无孔不入以前所未有的全面性方式渗入我们的私人领域，从市井小贩沿街叫卖货物的时代，到现今的广告多元模式，可真是经过了长期的演变。其实广告在很早以前就有了，早在 1958 年约翰逊（Samuel Johnson）就已经抱怨说："现在广告多到一个地步，人们已经视而不见，因此若要引起大家的注意，广告必须夸大承诺，并且要语出惊人，最好能引人侧目。"

如今，创意广告的策略是根据两个原则——"触及"和"频繁"。新产品必须渗入市场，有追踪记录的产品必须频频出现在人们的眼前；广告活动的时机是按日、按季评估的。许多广告所宣称的产品效果听起来很荒谬，可是下意识的信息却能抓住那些没有戒心的人；你要有性感的外表吗？你可以拥有一台气派的车子，你穿了这条牛仔裤就可以漂亮地与伴侣约会，你可以吃某某食物让你保持青春活力……等等，这一切都在暗示人们一个幻想：这样就可以得着幸福，可以过得很快乐。因此就制造了"想要拥有更多、更新产品的贪婪之心"。他们从中得到的好处，让他们心里面也创造出了一个乌托邦。

商用电视台、电台的财政是靠广告工业支持的，报纸没有广告也不能生存。大众媒体出身的马格里奇曾这样表示过：

一般说来，媒体是今日社会中最大的单一影响力，其势无与伦比，尤其以电视为最。我认为，这种影响力被许多不负责任的媒体人滥用了，他们毫不考量任何道德、理智上的原则，更别提属灵的原则了。

当然，这种有多重选择的社会提供了更多个人成长和家庭幸福的机会。我们可以选择适合自己道德需求和个人福祉的生活方式，可以花更多时间来度假、反省、参加营会、建立友谊、祷告、休闲和工作，来表明我们的信仰。不过，有些事只会让我们更加困惑，弄不清哪些事会使我们的灵性成长，哪些又是没有益处的事。如果我们真心以上帝为乐，那么，为了上帝而将礼拜日分别出来，就有了新的意义；如果我们真心爱惜友情，就愿意挪出更多时间与朋友相聚；

如果我们真正看重别人在我们生命中的地位，就会选择花时间与他们在一起，而不会成为工作狂。

对广告业来说，幸福是一张"采购单"；对社会科学家来说，幸福也是一张采购单，只是去掉了一些商业用语罢了。坊间所见讨论幸福的书籍，往往只列出人们追求幸福的类型，举例来说，阿盖尔（Michael Argyle）在他的《幸福心理学》（*Psychology of Happiness*）一书中列出了人类九大领域生活中的幸福证据：社交关系，工作与失业，休闲，金钱，阶级，文化，个性，喜乐，生活满意度，年龄与性，健康，提升。提升是前面各项的总合结果。这本书也和其他同类书籍一样，结论就是："只要采取正确的途径，就可以增进自己和他人的幸福。"然而，书中却没回答"正确的途径是什么？"这个问题。

我们若不确定幸福的成分，便容易被幸福的资本主义伤害（例如金钱和时间上的损失）。所谓的幸福资本主义，其实本身就是一种产业，它只会不断地刺激人的幻想和消费享受，以及促进偶像（明星）崇拜。

总而言之，我们看到"幸福治术"无法带来足够的幸福！因为它们太沉迷于追求权力，却不明白应该寻求个人的爱；很多人天生想要掌控环境，却不热衷与人建立关系。因此，心理分析和无神论的效果完全适得其反，一面承认又一面否认。如果我们看到有需要认识自己，却又拒绝承认自己可以同时认识上帝，那就表示我们不够诚实。或许，在这里不得不下结论:**"要认识自己,就必须先认识上帝;若不认识上帝,人就不可能认识自己。"**

心理分析好像是透过一扇窗子眺望景观,结果看到的不是全景,只是窗框,这就等于什么都没看见。有前台,就需要有背景。我们人生的"背景"必须大过我们自己,它必须是上帝! 即使你认出了自己的人格类型,即使你已经通过了心理分析,那又如何呢? 最重要的乃是,你能否接纳自己是独一无二的人? 你能否停止怪罪环境,并且看清楚责任原来是在你自己身上? 你能否得到上帝给你的信心确据,并且认识他对你的接纳与饶恕,还有他那至为深切的爱? 你真明白谁建造了你的生命吗? 请注视上帝,经过对自己人格的了解之后,你可以看见一个新的立足点,也是一个展望前途的据点,求他给你一个健康的环境,以维系你这独特生命的尊严。

我无意贬低医疗和一般照顾的重要性,因为它们都是这个精神官能不正常的世界所迫切需要的帮助。但若人类因此认为不需要倚靠上帝,也不需要明白人性的奥秘,只需要倚靠一门专业的"科学"便能拯救人类独特的灵魂,那也未免太一厢情愿了! 当然,我们的社会在许多方面仍算正常之处多过不正常之处。

一如本章所论述的,如果科学根本没办法创造深刻的人际关系,或恢复人类的纯真,那么,其他各种对幸福的诠释和价值观是否也不够真实呢? 这是接下去要进一步探讨的。

第 6 章
后现代世界里的幸福

人是自然界中唯一注定要苦苦思索"什么才是感觉对了"的生物。

——厄内斯特·贝克尔

我对宇宙说:"先生,我是存在的。"宇宙回答说:"不过,这项事实并没有在我里面产生责任感。"

——斯蒂芬·克莱恩

前面已经探讨了古往今来人类文化中各种不同的潮流,每一种潮流都以不同的方式去寻求和表达人类对幸福的渴望。现在,本章要谈后现代的世界。"后现代"这个语词起初是用在艺术潮流上,是针对今日技术挂帅和理性主义而兴起的反弹;就好像十九世纪的浪漫主义运动,是因为要反抗启蒙运动的理性主义而兴起的。"后现代"扬弃现代人的理性功能,只专注于感受和直觉,而不是逻辑和推理;把焦点放在地球环境、全人医疗,以及人类在灵性、物质两面的需要上,这是否就预示了一个更"整全"世代的来临呢?

"后现代"一词暗示了我们所讨论过的所有运动都已经被放在天平上衡量过,发现了不少缺欠,所以"过去"已经破产,现今的追求也不会奏效。因此在当今社会里,我们面临着一个扰人的问题:"然后呢?"

"现代性"是"物质富足而精神贫乏"这种现象的另一个名字,因为人们被这世代的理性、唯物论和技术性东西团团包围了;当然还可以加上宗教的影响。大家都住在一个"不断求多的文明里"(这是某位作家的形容)。虽然已经有了比从前更多的钱、更多的性自由、更多的新奇刺激、更多的宗教经验,但是,后现代的人们还是不满足、不快乐。贪得无厌的社会一直制造出想拥有更多东西的欲望。如果贪吃暴食在古时是致死的罪恶之一,那么在现今世代,其对等的罪就是不断地贪求新鲜事物。

正常现象与不快乐

第二次世界大战以后,心理学家和治疗师开始遇到一类新型的顾客或病人,就是一大群"成功,却不满现状"的人。我们的社会向来都相信,如果一个人"正常"就自然会快乐。但是现在,涌向治疗师寻求帮助的人,大部分是那些照社会标准来看算为"成功"的人,他们有好工作、高薪、交游广阔,但是他们对每天的日常生活却不满意,会问一些新奇怪拙的问题,例如"除了钱、性、事业和交际,生活里还有别的东西吗?""我所做过、所拥有的一切,究竟意义是什么?"其中有很多问题都不是传统疗法能给予解答的。因此,"成功,却不满现状"的人士在富足生活的外表下,不得不挖得更深,试图作更深的探索。对于这些渴望寻找人生真义的人,毒品文化对他们特别具有危险的诱惑。

面对这种情况,许多人企图用忙碌作麻醉剂,至少可转移注意力,不必理会生活的平淡乏味或难题。有一位十七世纪的英国诗人赫伯特(George Herbert),曾就这个问题对我们提出挑战:

难道你非忙碌不可吗?这可是"爱"的致命伤啊!"爱"能接纳贫穷、污秽、虚伪的人,但忙碌的人却无份。

忙碌会使我们无暇面对友谊、家庭、心灵等方面的需要，因此赫伯特说，"忙碌是各样爱情的绝症。"的确，野心太大的人无法过健康或正常的生活，因为他们爱自己胜过爱别人、爱上帝，所以"心灵满足"的最大敌人其实就是"自我膨胀"，它会使人不满足于只做平凡人，不满足于带着真正的人性而活。忙碌的生活往往是代表一个"空壳子"，外表看到的是辛勤工作、专业主义、行动主义和机构组织，内里住着的却是企图获取成就的自私欲望。人们常常要到"耗尽"(burnout)的地步，才会看清楚这样的生活有多么不值得，甚至荒唐错谬。忙碌本身无法让工作狂得到真正的幸福快乐。

今天有许多人觉得自己的职业或机构令人大失所望；有许多人缺乏指导原则，不知如何学习过平凡快乐的生活；每个人都倾向于各行其道、自以为是；生活上的大小事，甚至连信仰都变成了可供挑选的菜单；随着选择的机会日益增加，人们开始用消费者的眼光来看待每一件事物，即使是宗教也可以像一件商品似的，完全根据它是否能符合自己想要的方式而决定。对于那些四处寻找"便宜货"的人而言，顺服、委身、信实、正义和真理可不是什么悦耳的东西。我们可以预期，人们会越来越频繁地四处活动、进行各类试验，同时对他们指望带给自己平安喜乐的事物任意发表自创的理论。

然而，现代社会不仅无法应付人的心灵问题，而且也必须对这些问题的产生负起一部分责任。我们可以从社会问题的症状明白这一点，例如任意破坏他人财物、犯罪、家庭生活瓦解、离婚、虐童、上瘾、孤独、赌博和自杀，这些都显示了一个可悲的事实：我们的社会正走向崩溃！

我们依靠支取传统留下来的资产已经很久了。如今在社会上，对于公民责任没有共同的标准，在信仰上或个人道德诚信上也没有共同的声音，这已经导致西方社会面临危险之境。无论是那些属于宗教组织的人，或自视为无信仰的人，现在都对灵性需要有所看见，并且愈渐渴望有什么东西能提供给他们生命应有的意义。

灵性渴求

对灵性的追求在过去几百年间不时地出现。公元 4 世纪，当教会变得官僚化时，有一群基督徒退到沙漠里去，寻找能脱离世俗陷阱的信仰，接着就兴起了"修道主义"；在中世纪信仰式微的时候，有另外一些人开始探讨"神秘主义"。人们似乎总是在面临历史的转折点或疾速变化中才特别关切灵性，我们现今的时代也是这样；不过，当今的探索较少追求禁欲、苦行，而比较渴望拥有个人的经历和整全。

精神病学专家荣格已经成为许多寻求当代灵性价值者的代言人。荣格的父亲是一位持传统信仰的严格的路德宗牧师，但荣格深切需要的是属灵的实际，他在自传里这样表示——

至好的，不可道；次好的，不中意；一切要顺其自然。我从东方思想学到"无为"的意义，"无为"就是"不为、顺其自然"，这与"一事不做"是不同的意思。有些西方人也明白"无为"的意思，例如艾克哈特(Eckhart)曾提过"顺己自然"的观念。一个人坠入的黑暗之境并非空虚，而是老子所说的"食母"①，是"象"，是"精"；表层被清理干净，东西才能从深处长出来。人们总是以为，遇到与自己深刻经历不同的经验时，就会迷失方向；殊不知，如果不知何去何从，那唯一合理的解答和劝告就是，"让你的潜意识说话"。路是人走出来的，"一个人该怎么做"并没有统一的规定。

自十九世纪末以来，人们越来越强调认识自己，起初是陀思妥耶夫斯基、托尔斯泰的小说深邃地刻画人的心理，然后是弗洛伊德系统化地探讨人的潜意识，而现今的我们是受到挑战去刻意开放个人内在的生命，以学习更真实地面对生活。这种理论认为，如果"自我认识"能丰富我们的生活，那每个人都必须成为心灵探险家了。

现今有许多工具可帮助人们自我探索，在企业界和专业领域中使用"迈尔斯-布里格斯人格测验法"来评估员工，已经变得很普遍。这套测验方法现在也被用来探索一个人的灵性潜能。越来越多的人发现，这套测验让他们透视到

---

① 食母是指生命之根或大道之本。——译者注

自己人格类型的特质,就好像是人生中最大的发现之一,从前自己不明白的各种感受和反应,现在突然有了道理;我怎么会有这种想法或理念? 为什么我的安全感会与别人有关? 为什么我会对某些情况特别紧张? 许多的忧虑、矛盾和疑问,现在我终于领悟个中原因了。一个人若能洞察自己的内心,能客观地看待自己的感受,并实际地面对人生真相,这当然是好事,因为这能帮助我们脱离一些上瘾的行为,也就是受成长经验奴役而造成的行为模式。这些洞见也有助于减轻我们加诸自己或别人身上不必要的痛苦,因为这些痛苦大多是由于自己忽视或不明白人格特质而造成的。

但是,这些好处也可能太过"神奇",因为检视自己的人格特质时,也很容易让自己对新发现的"我"产生一种错误的信心。事实上,内在的我非常复杂、无法分类,自己本质上的独特性远非这个我所能了解透的。此外,企图为人的心理贴上类型标签的方式,实际上会替别人和自己再增添新的限制,将人的奥秘性"存有"窄化成仅仅是一种"类型"。这样做往往忽略了一点:既然上帝按照他的形象和样式创造了人类,那么,人若不能透过对上帝的认识来补足对自己的认识,就会坠入更深的情感挫折和对生活的不满之中。

心理学的工具只会使人对属灵的实际产生更大的渴望,因为当人们任意改变外在的生活环境或条件时,很快便能发现:人无法靠自己改变自己的人格特质。只要仔细检视像"迈尔斯—布里格斯人格测验法"所提供的这一类技术，就可以看到这一点。我们可以得知自己是否比较理性、靠直觉、爱论断、靠感官或感知；我们可以得知自己是比较内向或外向；我们也可以得知作为一个强迫性完美主义者、施予者、表演者、疏远的旁观者、喜欢为反对而反对的评论家、享乐主义者、贪权跋扈者或是使人和睦者，会有些什么后果，但得知了以后又该怎么办呢？人格测验法留给人们的仍然是更多的渴望，无论是渴望更大的个人成长、更多的成功和被认可，或是更多的安全感和内在的满足。

纪德(André Gide)改写的希腊传说《忒修斯》(*Theseus*)里面，当忒修斯探索那企图扣留住他的复杂迷宫时，听见有人这样说——

这么多的麻烦，这么多的挣扎，为的是什么？我们在这里，目的是什么？为什么我们每件事都要找理由呢？如果不转向上帝，我们要转向哪里呢？我们如何引导自己的步伐呢？又该在哪里止步呢？我们何时才能说，"就这样吧，大功告成。"若从人开始，怎能达于上帝？我已经踏遍所有的逻辑路径，在其水平面上，我徘徊过太多次了。我在地上爬行，却渴望能装上翅膀飞走，好抛开自己的影子，抛去体内的龌龊，抛离过往岁月的沉重。那位无限者在召唤我！我知道我的旅途只能有一个终点，那就是上帝。

新纪元运动的挑战

新纪元运动是从二十世纪六十年代的人类潜能发展运动衍生出来,它提供了一整套的反理性秘方,据说人人皆可得到,例如超越、"性"福、世界和平,以及人人都梦想的致富,这些对战后婴儿潮世代产生了很大的吸引力。他们在二十世纪六七十年代上大学,如今仍在寻找一种生活方式,期望能提供他们灵性上的深度满足、神秘体验、自我满足、健美的体型、长远的幸福,以及有充分的现金可以打理自己,过一种自恋式的生活。

新纪元的思想这样应许:你不必费什么劲、不用花什么心思就可以得到一切。所谓"水瓶座"的人大大影响了消费群;所谓"形而上"的书店,在北美就有五千多间,在欧洲更多,其贩卖的书册和影音光盘正快速地将这种意识形态推销给各地读者。事实上,普通书店都会提供宽敞的架位来专卖这一类渐增的作品。新纪元思想也渗入到公立学校的教育系统;所谓"整全的医疗"也接纳了萨满教(shamanism,或译作"黄教")的心灵疗法和其他各式古怪的医术。新纪元的老师也通过各种冥想、超现实的经验和运动理论训练护士,并假设这些符合"最新的科学发现"。新纪元思想也影响了电视、电影,包括制作心灵奇幻秀、心灵大师访谈,或者像麦克琳(Shirley MacLaine)这样的热心巨星的八卦节目。

新纪元运动自称，其愿望是寻求身体与心灵的整全，与宇宙合而为一。这种想法极可能是针对当今社会罹患的强烈疏离症而产生的反应。不过，这股运动的矛盾在于带有强烈的利己倾向。前文已提过，新纪元思想是从人类潜能发展运动中滋生出来的，它唯一重视的是充分发挥个人自爱自私的本能。这对一个"新保守派"(neo-conservative)的时代是很自然的事，因为年轻、富裕、美丽的人都想要忽视年老、贫穷、丑陋，这是人之常情；只不过那些黑人移民、失业穷人、受虐妇女等没有能力去活出他们的潜能罢了。这是每个人自己要做的选择。也许我们能接受托夫勒(Alvin Toffler)在《第三次浪潮》(*The Third Wave*)一书中所做的预测："这是个充满令人沮丧的噱头和宗教伪装的新纪元属灵超市。"这是现代工业秩序将要被一个积极文化取代，人们拼命想抓住一些东西的时候所做的尝试，而这个积极文化将会"扫除一个濒死文明所余下的一切残渣，希望能借此产生一个新的文化"。很明显，我们正面临着重整思想与心灵的巨大挑战。

新纪元与基督教早期遇到的诺斯替一样，也具有包容性与综合性，新纪元自认与基督教以及其他的主要东方信仰都有关联。但是，它又添加了少许的巫术、秘术和泛神论，有了这些成分，就又形成了一个含有宗教与魔法的混合物。它否定有智识的信仰、有规律的生活，甚至是传统的法律和秩序；它追求的是超感官经验、灵的感觉，并且认为生命不是"发生在自己身上的事","发生在自己身上的事其实就是我们自己本身",我可以创造出自己的真实。简而言之,新纪元思想讨厌任何具体的教义,因此很难指认和明辨它的教条。

渴慕整全

新一代的人活得比较久、比较健康、比较有体力,这使他们更向往能活得"整全"。人生该如何规划? 人该如何推动正面的信仰和期望? 为了寻找答案,他们探讨各式各样的问题,诸如认知治疗、松弛练习,以及其他能增进身体健康、享受正当娱乐的方法。他们只涉及表面却不触及内心的事,例如帮彼此洗澡、预约按摩、用性幻想抒发或增进情趣,却不学习实实在在去认识对方的独特性、尊重对方体内的灵魂,并向对方投入忠实的爱。

这一切的重点从来不会放在培养对上帝、对邻舍的爱心上,而只是放在个人的享乐上。新纪元标榜的情爱,是猫狗与主人之间的田园之爱,其中的关系总是受到掌控,并非属于人类有所取舍的真友谊(这是深不可测的,能够意识到对方的独特性)。"投资在自己身上"往往容易演变成"自我放纵"。这一切所谓"整全"改善自己的课程,多少带有自毁的种子,因为它们对人内在的本性是如何被改变、更新的事抱着不符合实际的幻想。

"万物归一"的感觉,对那些孤单寂寞、生活绝望的人来说,是挺令人振奋的。但有不少人是借着服用迷幻药去经历所谓"与宇宙合一"的感觉,这种改变意识状态的效果,是把主观与客观、观看者与被观看者之间的区分弄得模糊不清,算是另类的"浑然一体"吧。前文提到,现今人们对这类经验比较谨慎了,因为吸食毒品的危害有目共睹。靠迷幻药产生心理的改变,是卡斯坦尼达(Castaneda)这类作家所大力鼓吹的,也算不上什么新鲜事了。其实,它与原始时代崇拜大自然的宗教泛神论并无区别;路易斯就很敏锐地观察到为什么这是一种泛神论:

　　人心若任其放纵,自然会落入这种态度,难怪人们觉得很受用。假设宗教只是人说明关于上帝的事,而非上帝说明关于他自己的事,那么,泛神论几乎可算得上是宗教了。到头来,这类宗教只有一个真正可以敬畏的对手,就是基督教。

　　在我们现今这个文化崩解的时代,泛神论是一个相当诱人的宗教。我们必须问自己:"为何会失去整全的感觉?"岂不是因为我们只是功能性地扮演着专业角色,忙着参加各种活动,却缺乏真诚的人际生活和个人情爱? 虽然"效率"被现代人视为新的美德,但另一边却也抛弃了"忠诚"。人们还有一个特征——不断地移动、变迁,却不知方向;喜欢快速地进行,却缺乏省思。现今每样东西都在无止境地扩大,诸如国民生产总值、个人所得、人口迁徙率、工作规划等等。许多人只是为了知识本身去求学,信息的传输已俨然是一项缺乏终极目标的技术了。如此下去,人类的每一项活动都像是一艘没有舵的船,挣断了连系的锚绳,离港后便不断地加速冲向外海,在暴风雨和大浪中飘荡、摇摆、沉浮。

的确,我们所有的制度和专业都受到了质疑,人们想找出它们的真实性,以及对社会的真正效用。当我们面对政治和社会动荡的时候,就好像以往熟悉的地标被挪走了似的,于是我们只好随"风"摇摆。我们不喜欢无政府状态,但在这样一个不断改变又激进的时代里,究竟该如何保守自己做个智慧人呢?

自己做神

人类的潜能发展运动很容易令人自己做神。在二十世纪六十年代"上帝死了"的运动流行过后,"唯我独尊主义"(I am-ism)的观点开始盛行,认为自己超越一切。正如某位大师向好莱坞明星麦克琳提出的保证:"直觉观感是通过右脑传达的,你触碰了那里,就开始与你自己这个神合作,你就会知晓一切了。因此,你是你自己最好的导师,或者说,你自己就是大师。……你前世所有的经验都住在你自己这个神里面,是这个神担任你的咨询师、辅导师和教师。"

这种"自己里面有神性潜能"的观点,让新纪元运动确信,他们能够做到自己决心要做的每一件事,一如麦克琳所说:"如果我能够认识自己,我就能够认识整个宇宙。"新纪元思想寻求超越时间和空间,超越理性和道德,他们想为"积极思考"装上一对超级翅膀,声称:"我就是宇宙,我就是实存。"这多多少少有自大狂的迹象。他们通常具有非凡的热忱,甚至会提供别人不寻常的允诺,然而,它们是否真的被兑现了呢?显然没有!包围着自我的宇宙,仍然持续禁锢着他们,一如忒修斯在迷宫中的经历。

若没有上帝的实际存在,就不会有所谓"外面的"领域。新纪元的观点无法供应伦理的基础和权威,但也因为这一点,新纪元的信众毫不在乎自己的行径是否会影响到别人。背离了社会普遍接受的真理和现实,新纪元信众容易在淫乱和其他放纵的行径中任意游离。这个结果是令人警惕的。你若定意让自己做神,就无法求助于任何客观推理的原则,只面向自己而将所有客观准则排除在外。好比一个疯子,只能独自留在自我膨胀的幻觉里,完全封锁了外界的劝告。新纪元的信众在实际行动时,会辨明自己的立场,并不将自己的逻辑推到最高点,否则就要脱离日常生活的实际了;虽然他们宣称可以作"星际之旅",但日常生活的实际总是免不了摄食饮水,心灵需要关爱,人格也需要别人的接纳。新纪元只是指出了一件事实:人类会竭尽心力、不惜一切地去满足属灵实际的饥渴。但是,这个肤浅的"塑胶时代"并不能满足人类在心灵方面的需求。

借技术支配灵界

新纪元的信念认为人可以支配自己的心灵和心理,例如西尔瓦(Jose Silva),他声称自己在二十世纪七十年代就已经将他的"驭心术"传授给一百多万名学员了。他用一种默想的形式,号称能增强记忆力、革除坏习惯、增进健康、击败癌症,还可以练习超越知觉、提升自尊心,而且只需要上四天的课程就行了! 他们说,只要观察东方的神秘宗教,例如西藏僧侣,便能看见人类有能力控制自己的体温、改变心跳速度、用心力控制物质。生物反馈的技术则假设,人体大多数的活动都可以受到控制。或者做实验,用深度催眠去诱发生理上的变化。他们说,将科学实验与人类的奢望幻想合并起来,人就可以"直接接触一个能渗透万物的更高智慧,在短暂的超自然喜乐中,体会到它正在你身边"。所以他们用这新的能量给别人带来自信,以感觉到有更高的爱与能力正与人同在。

这个运动含有许多内在的矛盾,前后也不一致,他们一方面反对枯燥的技术统治,但另一方面又使用各种技术来创造能力和能量。这种神秘主义,说穿了也只是个人对权能的欲求,这就是其魔力所在。他们寻求并承诺要带给人们的是能力,而不是爱和友谊。他们对有位格的上帝只字不提。

最容易让新纪元信众感到自在的地方,就是它那令人尊敬的"科学水平",因此像卡普拉(F. Capra)那一类的作者,便在新科学与东方神秘主义之间找到了彼此兼容之处。他们保证,人的四周有潜藏的能量来源尚待发现;但是,只有当"种人"(seed man)用与今日西方人完全不同的态度,试验并体会到新形式的意识后,这些能量才会被发掘出来供人使用。

所以,新纪元运动是在企图为"人是什么"找出一个异类的答案。这对人类的真正福祉实在是一大威胁。它要求人类在意识上作一根本转变,这比共产主义所称的"新人"更为激进,同时也接近印度教对人的看法,因为它结合了印度哲学与西方的技术官僚政治。

与大自然生态和谐

新纪元的"深层生态学"代表一种想与大自然和谐共处的热烈愿望;人不是凌驾在大自然之上,而是去配合自然环境。但是,这与新纪元的其他支流所追求的"行星对意识的影响"(planetarization of consciousness)似乎格格不入。不过它仍然认同泛神论,认为人类是更高级的"地球化意识"的一部分。所以新纪元信众一方面要示范他们是沉浸在大自然里,但另一方面又炫耀他们有能力控制大自然,一定能让谷物大丰收。他们一心盼望着,终有一天"地球化"现象会发生在人类的意识中(不是良心中),届时,理想的乐园就会实现。这个理想固然不错，但却甚少提到如何处理地球的环境问题。

人岂能一方面采取泛神论的姿态，说自己是"在自然之内"、是自然的一部分，但另一方面又认为自己是超越"在自然之上"呢？我们所有按照上帝的形象和样式受造的人类，要担起管理地球的任务，而且要为地球已经受到的破坏负责，并寻求补救之道。就像诺斯替主义，他们承诺人可以透过"神秘知识"的入会仪式而"得救"，但为何却无力拯救罗马异教徒的社会免于崩溃呢？今日的新纪元又让我们看到，异教又回到了我们这个垂死的文化中。它根本没有办法为社会的崩解提供清楚的补救之道；对于人的生命和行动，它也无法作基本分别，好让人们借此去处理环境危机、童年不幸、家庭破碎、维系个人与群体生活等难题。

其实，它是在自食笛卡儿"我思，故我在"这句名言的恶果。在非洲的部落文化里，有一种群体精神可以说"我们思，故我在"；而在基督信仰里面，我们可以更进一步说"我回应上帝，故我们存在"。既然如此，我们就必须为地球的健康、为人类全体大家庭各个层面上的关系，共同向上帝负责。新纪元运动是一种对上帝的反叛，确实是属于魔鬼黑暗权势的"水瓶座阴谋"（Aquarian Conspiracy），是想盗取上帝的主权。这项"阴谋"如同在它之前的许多阴谋一样，对人类真正的幸福所造成的威胁，实在超过了我们的想象。

奥古斯丁曾在罗马帝国将要败亡之际,反思当时社会的混乱,他发现:"只有那些认为上帝本身就是生命的人,对上帝的认识才不致落入荒谬。"奥古斯丁的另一句名言是:"上帝自己造了我们。我们的心除非安息于他,否则将不得安宁。"上帝按照他自己的形象造了我们,这莫大的恩宠,确实也让人类进入了极大的诱惑——误将人类受之于上帝的本性,当成是人类自己拥有的神性。我们的灵魂非常奥秘,里头有一个大空洞,唯有上帝能填满它。这也难怪拥有新知识、新科技的现代人,比从前任何时代都更容易接受恶者的引诱——"你将如同上帝一样!"这是蛇的嘶嘶声!如果浮士德愿意为了换取巫术的能力,而不惜出卖自己的灵魂,现今的男男女女当然也可能这么做。

我在写这段文字时,有一位女士来访(她最近才甘心喜乐地归向上帝)。在她开始体验自己的决志所带来的丰盛恩典之际,回想到自己小时候是在外祖父家中长大的,因为她是私生女,不知生父是谁,后来又在一位对她的过去所知不多的继父呵护下长大。可是出身的秘密一直困扰着她,在她心中留下了一个大空洞。但如今在认识上帝的爱之后,她发现天父上帝真是比肉身的父亲宝贵多了,因为天父的同在可以填满她心底深处的需要,并且赐给她全然合法的身份地位,而且这不是人世间任何的法律认证或"代理父亲"可以做到的。

此时,我还想到了朋友保罗,他的母亲在十年前企图自杀,结果导致终身残废,成了一个饱受患难又心怀苦毒的人,无法照顾自己的两个儿子,再加上酗酒,这样不正常的家庭环境对保罗的情绪造成了极大的伤害。但是他后来也体验到,天父上帝有多么爱他那颗受创伤的心,使他深深地感受到自己被接纳、被肯定,这种感觉对保罗来说,简直前所未有。就算有哪一门巫术可能医治身体,但最终只有靠上帝的爱,才能真正医治那些被罪恶、骄傲伤害过的心灵。人里面若没有上帝来改变并医治童年遭受过的感情创伤,其生活就注定会充满挫败感、绝望感、不幸感。

现在,我要结束关于人类社会曾实验过的各种追求幸福方式——包括通过"乌托邦"式的梦想、追求心灵平静的哲学努力、"付费友谊"式的心理治疗,以及疯狂错谬的"新纪元"异教——之讨论,来追溯到底何处可以找到人类真正的幸福。埃吕尔(Jacques Ellul)说得很清楚——

在耶稣基督里的盼望,并不是一点胡椒或是一匙芥末;它乃是"饼与酒",是人类必要且基本的食物。若缺乏了这个盼望,人类就只剩下知识的狂妄和行动的幻觉。

第 7 章
宇宙是幸福之处?

不认识上帝,世间就无美善可言;人愈亲近上帝,就愈幸福;愈远离上帝,就愈不幸福。这千真万确。

——帕斯卡尔

到现在为止,本书谈到追求幸福的方式都是比较近代的,它体现了一种对"成就"的期望,但这在圣经的古代世界中或科技发展之前的社会里,是找不到的。在近代世界,人们想用史无前例的方法来衡量成就,也用同样的方法来衡量"获取幸福"方面的成就。人们会自问以及彼此互问:"有些什么成就?"

在圣经时代的世界,这种看法会被视为错误,因为那时一个人的成就是根据"整个群体的正义观念"来衡量的,当时的人会强烈感觉到需要与他人和谐共处、互谋福祉。人的成就是在良好的人际关系中获得的,包括夫妻关系、亲子关系、主仆关系或君臣关系。在古代,地位阶级很重要,每个人在社会上都有一个固定的地位或阶层,一切行为都必须符合他在群体中的地位,这就算作是他的"成就";换句话说,广泛的群体已经预先为个人的成就设下了界限。

今日版本的"成就",则带有较多的个人主义色彩,认为成就是一个人可以单独获致的,或是与别人竞争时所得到的。

现今与古代的另一项差别是,"成就"永远不会过了头。古时候人们的成就总是与生活所需有关,最好是不穷也不富(一种平衡状态);这表明,按照其理想,少数贪婪者和过分富裕者的情况是有局限性的,并不会致使整个社会都不幸福。一般人也都同意,智慧就是为自己、为别人过一个"平衡"的生活。这个原则使以色列人能够在社会中、在上帝面前有稳固的地位。

一旦人跨出自己在上帝面前的位置,不幸就产生了,例如,以为自己拥有上帝的能力、可以靠自己决定命运。亚当、夏娃就是做了这个选择,不奉行上帝的吩咐,就随着己意接受了引诱;换句话说,他们决定脱离上帝而活,这表示,他们把本来只有上帝能做的决定拿过来,抓在了自己的手中。

亚当、夏娃、巴别塔、亚伯兰

亚当、夏娃两人被逐出伊甸园，无论从象征性还是从历史层面来看，都是因为他们的骄傲。人们想要像上帝那样，靠自己的力量生活，而不愿意留守在上帝给人类定的位置上，降服于上帝的地位与权柄。由于这种对上帝的基本反叛，人类全体都受到了诅咒，必须终日劳苦、愁烦，却一无所成。

《创世记》里还记录了一个巴别塔的故事，说明人类企图靠自己的创造力来成就自我的心态。当时，用来建造这一座巨塔的砖头都是手工制造的，他们把巨塔建在一处神圣之地，以为在那里可以遇见"神明"。建塔的背后藏着人类向上帝要求"独立"的精神："他们说：'来吧！我们要建造一座城和一座塔，塔顶通天，为要传扬我们的名，免得我们分散在全地上。'"（创 11:4）后来，这座巨塔成为人类表现成就与能力的一个象征。

这种"传扬我们的名"的心态，显出人类想要与上帝造人时的本意遥相对应，上帝在创造人的时候说："我们要照着我们的形象，按着我们的样式造人。"（创 1:26）而人类造巴别塔却是想要为自己制造"名声"。与其说他们想获取尊贵名望，还不如说他们是想靠自己的能力来掌握命运和自我认知，想要变成自己的创造者。而这正是罪的本质！

人若试图离开上帝，去实现自己想要的生命，这就是最大的背叛。造塔的结果完全出乎他们的预期,他们不但没能为自己制造名声,反而失去了彼此沟通的能力;他们的工程不但没能防止他们流散,反而形成了四散各地的结果。他们尝试离开上帝而独立自主,就带来了一场意外的大混乱:"于是,耶和华使他们从那里分散在全地上,他们就停工不造那城了。因为耶和华在那里变乱天下人的言语,使众人分散在全地上,所以那城名叫巴别。"(创 11:8-9)最后,他们众人只能发出喃喃模糊的声音,彼此之间充满困惑、谎言,失去了沟通能力,更不用谈与上帝沟通了。这也描绘出今日许多人否认在上帝面前的位置的无力光景。

　　《创世记》里还记载了一个与此并列的故事,就是亚伯兰(亚伯拉罕)的受召,同样显示出上帝在创造世界时的主动性:"耶和华对亚伯兰说,你要离开本地、本族、父家,往我所要指示你的地去。我必叫你成为大国,我必赐福给你,叫你的名为大,你也要叫别人得福。"(创 12:1-2)与巴别塔的故事对照看来,这里采取主动的是上帝而不是受召的人。亚伯兰是承蒙、接受上帝的祝福,而没有尝试为他自己"制造名声"。这件事显示了上帝的心愿,因此他应许给亚伯兰一个最丰富的生命,即充满荣耀和尊严的生命。亚伯兰顺服上帝的结果,就是得到了那些建巴别塔的人所渴望得到的伟大名声,以及使子孙后代皆成为大国。

　　这两个故事的鲜明对照让我们看见,人类若转向自我,下场有多么悲惨;人类若降服上帝,将有多么荣耀。因着亚伯拉罕而蒙福的人,已经是蒙拯救脱离了想与上帝一样、想要主宰命运的咒诅。信心,是我们信靠上帝的应许,并且让上帝在我们的生命里采取主动。信心的主题贯穿了整本圣经。这正如先知以赛亚所说的:"耶和华啊,你必派定我们得平安,因为我们所作的事,都是你给我们成就的。"(赛26:12)人类想要独立自主的行动与先知信靠上帝的作为,是完全背道而驰的。另一位先知所表述上帝的话"不是倚靠势力,不是倚靠才能,乃是倚靠我的灵方能成事"(亚4:6),再次显示了上帝在我们人生中的主动作为。新约时期,基督信仰所启示出来的内容,就是建立在旧约时期上帝给人身份定位这个基础上。

在新约里,我们再次看见完整的人性,这不是透过人的行事成就,而是借着耶稣基督的大工——代替我们死在十字架上,救赎我们回到上帝面前——所达成的。前文提到信心,就是要舍弃靠自己独力达到目标的念头。我们无需尝试以个人的成就来评估自己和他人的生命,而是将重点放在上帝先前的成就——他已经释放了我们,使我们能接纳他愿意赐给我们的一切美善,同时,凭着信心,我们可以呼求:"我信,但我信不足,求主帮助!"(可9:24)

这一切是指我们能重拾自己在宇宙中的真正地位,也就是使徒保罗所说的"在基督里"的含义。从主耶稣赐给门徒的各样福气里,我们已得回了自己的身份,接受自己是上帝创造的一部分,不再企图否认上帝是我们的创造主。这样带来的结果就是生命的改变。保罗用"圣灵的果子"来描述这个改变:"圣灵所结的果子就是仁爱、喜乐、和平、忍耐、恩慈、良善、信实、温柔、节制。"(加5:22-23)这些美德并非从我们天然的生命流露出来的,而是住在我们里面上帝的灵所赐予的礼物,也是我们寻求幸福之旅的终点。由此,我们才能领悟到:幸福乃是从赐福的上帝而来的。

古希腊罗马:面具背后

上古时期的亚当、夏娃、巴别塔、亚伯拉罕的故事,都告诉我们生命的起源和真实的源头。但并非只有古希伯来人才有这样的故事;在其他文化里也包含那影响深远的古希腊文化,其中又告诉了我们另一个很不同的故事。

在古希腊悲剧《赫卡柏》(Hecuba)中,欧里庇得斯述说了一位皇后的故事,她在特洛伊战争中失去了丈夫、大部分儿女以及自己的政治权力。但在一切不幸当中,她坚守道德和正直。她把最小的儿子托付给最亲密的一位朋友照顾,这位朋友也答应要好好照顾他。但是战争结束后,当她回到色雷斯,看见一具男童裸尸被冲上岸边,尸体被鱼咬得千疮百孔。她仔细察看以后,发现那竟然是自己的小儿子。她的朋友为了钱竟然谋杀了那孩子,还把尸体丢入海中。

她突然领悟到,这一生的道德基础全毁了,她环顾四周,禁不住发出呻吟:"我眼见的,没有一样值得信赖。"如果连最亲密的朋友都能做出这种事,那么她的后半生又将是怎样一幅光景呢？在绝望的挣扎中,她选择了报复,挖出了那位朋友的双眼。赫卡柏皇后被人咒诅将会变成一只狗,因为她已从人世间最好的人转变成最坏的人。她完全无法再相信别人了,原先的开放和信任人的性格,被封闭自锁取代,她还下定决心说:"我再也不要做人了。"

《阿伽门农》(*Agamemnon*)是另一出戏,作者为希腊悲剧始祖埃斯库罗斯(Aeschylus)。此剧叙述一位国王领军去特洛伊打仗,但因海上没风,帆船无法前进,致使出征计划受阻。祭司告诉他说,众神要他献上祭牲,他要牺牲自己的女儿才能成功出征。于是,他必须在两个极大的罪恶之间做一选择,要么是违背众神而失去他国王的位置,要么是牺牲女儿而丧失他做父亲的资格。

希腊悲剧总是用这种可怕的选择作题材。剧中人物面临种种可怕的选择,往往不是在他们为非作歹的时候,而是在他们试着行善、好好生活的时候。剧情带给人们的信息是:当人想要努力行善的时候,就会坏事临头。面对人类严肃的职责、委身、爱与道德价值,希腊人看到了人生的悲剧。但是,希腊人没有察觉出那众神并不关心人类;众神不但不提供帮助,反而常常设下各种障碍令人无法行美善之事。这类戏剧至今一直在上演,将整个群体带进可怕的道德困境——没有解答,只有绝望。

就在这种悲剧性的希腊背景里,产生了 *prosopon* 这个词(希腊文:面或面色之意)。这个字衍生出英文的 person,

就是"人"。面具可以界定演员在舞台上扮演的角色,而演员在扮演的时候会认同剧中的角色,尝到日常生活中不戴面具所未曾体验过的自由(发挥)。这是因为希腊的世界观否认了人类生存的意义。

对希腊人来说,宇宙不具有"位格性"(impersonal),他们的"众神祇"也不得不适应它。宇宙好像是一台机器,会碾碎任何胆敢违背它规则的人;任何生物都不准在其中独立,也没有个别的独特性和真正的自由。因此,人类的地位只能用赫卡柏、阿伽门农这样的悲剧人物来呈现。在这些悲剧里,众神对人类所受的苦难无动于衷,所以对希腊人来说,人的"位格"(personhood)就如同一个面具,是由人发现自身所处的悲剧性环境来界定的。

这种想法,虽然已有数千年之久,仍然强而有力地继续掌控着西方文化的想象空间。有一次,某人问爱因斯坦,他认为最重要的问题是什么? 爱因斯坦回答说:"就是要知道,宇宙是不是一个友善的地方。"

罗马人对人性的看法比较实际,没有太浓厚的哲学意味,"作为一个人"对罗马人来说,并不需要戴上一种悲剧性面具,因为人需要的乃是在社会上具有合法的地位。一个由罗马法律宣告为合法的人即具有"人"的资格,他在家中有他的权柄,可以献祭给家中的神祇,并效忠皇帝;在罗马帝国的政治与法律下,他具有法定的代表人身份。这种人观虽然与希腊悲剧性观点不同,但有一个基本观点却是相同的,那就是,人是不具有"位格性"的,因为他们认为人是由法律来界定、而非由与他者的关系来界定的。希腊世界、罗马世界都不能合理地建立人类"位格"的终极意义。

这并不仅仅是古代的历史,也是现今这时代的难题。现今世俗的社会已经割断了基督信仰的根,在这个根基里人是与上帝、与他人息息相关的;如今取而代之的是一种现代版的希腊罗马观点,丝毫不带感情地论述人的"合法权利"、讨论个人"应该扮演的角色"。许多人试图"做自己的创造主",以全权主宰自己的命运,这就是重蹈亚当、夏娃和巴别塔的覆辙,而且产生最终置人于死地的自我独立(没有上帝的生命),使人们彼此隔绝,人类的群体性被剥夺。如果将这个重担放在政府身上,我们这些孤立的个体一方面要求政府维持我们的团结,另一方面又不断要求自我的权利,这就好比一粒流沙陷落在孤独的沙漠中一样。

活着,却没有爱

这种人与人的疏离,是整个人类的故事。小说家麦克唐纳(George MacDonald)在他的《圣婴礼物》(*The Gifts of the Christ Child*)一书中诉说了一个维多利亚时期的家庭故事。有一家人在基督降临节期的头一个礼拜日所听的讲道经文是"主所爱的,他必管教"(来12:6),这家里的一个小女孩苏菲误会了这节经文,所以就希望上帝处罚她,好让她知道上帝是爱她的。

小苏菲的生命很缺乏阳光、缺乏爱，因为父亲忽略她，继母拒绝她；她的父亲与第二任妻子之间也无真爱可言。这个妻子是个爱慕虚荣、头脑空洞的女人，做丈夫的完全没办法改变她以符合他的期望，妻子则隐约地感觉到自己不得丈夫的欢心。他拼命要改造她，好将她纳入自己设定的模型，但他的一切努力全都付诸流水。妻子在怀孕后很开心地盼望，如果自己能给他生下一个儿子（显然他对女儿没什么兴趣），或许可以给这个家带来新的福气。

　　降临节期间，小苏菲不断想到圣婴耶稣在每一个圣诞节里都要降生一次，所以她深信同一位圣婴会向每一个家庭显现。于是，在圣诞节当天的清晨，她悄悄地溜进一间空房里，见里面点着一根蜡烛，床上还躺着一个她从未见过的漂亮娃娃。"这是给我的吗？这是一个圣诞礼物吗？"小苏菲把他抱到烛光前查看，忽然恍然大悟，这一定是圣婴耶稣自己了。但是，娃娃为什么不动呢？她坐下来，开始揣摩他的面容，想体会他的平静，那种从面容中透露出的绝对平静。不过，由于他一直不动，她的疑惑逐渐加深，然后惊惧，为何他没有呼吸、全身冰冷？

　　她的家人四处寻找，终于在这个空房间里找到了苏菲。她父亲发现，她用外衣包着他死去的初生儿子。"耶稣死了，"苏菲伤心而又缓慢地说，"他来得太早了，没人起来照顾他，他死了！死了！死了！"然后就陷入极度的绝望伤心，一直尖声哭叫着。她的父亲把她抱在怀里安慰说："不，不，苏菲,耶稣没有死！感谢上帝！这只是你的小弟弟,他的生命太脆弱了,所以必须回到上帝那里去变得强壮一点。"

小女孩对耶稣的信心和悲伤,其实反映的是她失去弟弟的悲伤。不过,这件事却开启了父女之间、夫妻之间以及他们与朋友之间的新关系,让他们每个人心中的孩童再一次复活了。"这就是那一年圣诞节,圣婴耶稣带给苏菲一家人的礼物。"麦克唐纳说。这是关于基督信仰的一则故事,而不是希腊式的悲剧演绎。也只有"道成肉身"才能带来这种人与人之间关系的改变。

当代小说家默多克(Iris Murdoch)在她的小说《字词之子》(A Word Child)中阐释了同样的主题——活着,却没有爱,等于剥夺了人的存在。小说中的主角希拉利承认他"不适合过普通的生活";战争富有戏剧性,或许还比较适合他,因为他这辈子内心都充满了风暴。希拉利是妓女的儿子,他一直不知道自己的父亲是谁,因为从小就被遗弃在孤儿院里,所以他长大后带着一股"反生命"的怒气。有一位观察入微的朋友对他说:"希拉利,我觉得你有一个隐藏的伤痛。"他回答道:"我有大约两百个伤痛。"但是他连一个也不肯透露。有好心人尝试用单纯的信仰来改变希拉利,但却遭到他的拒绝:"你们的信仰对我来说,太耀眼、太简单、太具威胁性了,让我无处可躲。我不想要你们的神学,也无法对抗你们徒然灌输给我的罪疚感。那些认为我无药可救的人,不是没道理的。"

在自甘堕落的生活中，希拉利因为发现字词的奥秘而被救拔出来："我发现了字词，字词成了我的解救。我不是爱的孩子(除非你给'爱'下一个暧昧的定义)；我是字词的孩子。"他在学校学习英国文学，后来任职于牛津大学。字词成了他逃避现实人生的出路。他承认："我爱字词，但我不是使用字词，而是观察字词，有点像观鸟人那样。我不信宗教，也没有代替品。我例行的工作为我提供了一个身份，有点像是动物的外骨骼那样。一旦我逸出常规，我的人生就开始混乱。少了例行公事，我的人生(也可能是任何人的人生)就形同千变万化的风。"对他而言，信仰是不可能的。就这样，小说作者很巧妙地描绘了希拉利的恋情、探险以及他的情妇。他的生活毫无目的，过一天算一天，生活只从星期四开始，但没有礼拜日，直接从星期六跳到星期一。直到小说结尾，出现了两个礼拜日是连在一起过的，但却充满了悲剧，没有任何的救赎。

字词之子希拉利觉得自己好像"被静静地丢到沙漠中，那里根本没有一个人影，可以让我倾诉每时每刻吞噬着我心灵的事"。于是，多少年来头一次，他独自坐在教堂里，思潮起伏："难道是另一轮更可怕、更惨烈的悲剧将要开始吗？即使我用玩世不恭的态度对待它，也无济于事吗？"这时，有一线希望忽然临到他，让他觉得自己可以令一位女子快乐。当他离开教堂的时候，突然看见圣婴耶稣在圣母怀中起身，祝福着这个世界。

其实在小说结尾时，读者还是搞不清到底这位字词之子是否真正认识了基督。不过，两位作者的故事都暗示了：人的存在，必须在一个超越自己的层次上，透过个人与上帝的关系而得到启示和更新，如此才能变成完整的人。每一个世代都需要更新，从一个无人性的古典传统宿命中跨出来，进入上帝的爱与性情里面，这才是真幸福。

三位一体的上帝

只有符合圣经的信仰承认人格的完整性，古典思想或任何其他宗教都无法提供这一点。当人认识到上帝是有位格的神时，我们才能说，人之所以为人，正是基于人有位格。没有位格的神，不能成为人类存在所依凭的基础。

基督徒的信仰还不止于此。基督徒信仰的独特性，就是上帝借着具有人性的耶稣基督"道成肉身"，借着圣灵的内住，使人得以享受他的同在，并且能亲身认识他。没有哪个佛教徒能够说"我亲身认识佛祖"，也没有哪个伊斯兰教徒能够说"我亲身认识安拉"，因为这一居于基督信仰中心的信念，只有基督徒能够拥有。这是每一位与上帝有个人关系的基督徒享有真正幸福的秘诀，因为耶稣基督借着圣灵的能力住在我们的心里。其他任何宗教无一能像耶稣这样应许他的门徒："人若爱我，就必遵守我的道，我父也必爱他，并且我们要到他那里去，与他同住。"（约 14:23）在同段经文稍后，耶稣向父上帝祈求，让他的门徒和所有因他亲自见证的道而相信上帝的人,能够彼此合一,就如三位一体中的父与子合一。这种关系上的奇妙合一,能够给人带来幸福快乐,因为耶稣祷告说:"叫他们心里充满我的喜乐"(约17:13)。

有很多基督徒可能从未充分体认到,自己可以从三位一体的上帝与他个人的灵性中,汲取多么深邃的资源。西方教会之根深植在古拉丁教会的传统中,大部分是从奥古斯丁领受来的。这个传统的焦点是上帝的合一性,而不是更强调三一上帝的三个位格。而过分注重上帝的合一性,使哲学家有借口只用人的理性而不是从个人层面去认识他。在西方文化里,似乎上帝已经变成一个"让人描述的对象",而不是让人去认识、去爱的对象了。

拉丁语将希腊文中描述上帝独一"位格"的字眼 ousia 译作 substantia,即上帝的"内涵"或"本体"。这很容易使拉丁思想带着"去位格化"的神观,而这种观点也传给了西方世界,以至于人们喜欢从功能的角度看上帝,看他在世界上如何运作,而不是把他看作一位亲自与我们每个人交往的有位格的上帝。

我们可以依循另一个传统来看,即从西方教会分裂出来的东正教会,其中部分原因是他们注重"三一上帝的三个位格",而非"上帝的合一性"。如果是强调上帝的三个位格,而非强调他的一体性,那么,我们就更能体认到这位有位格的上帝了,因为我们可以看见三一上帝的三个位格是如何彼此交往,以及如何与我们交往。这样一来,我们接近上帝的方式就会有戏剧性的变化,从"以他为一个概念"变成了一种"实际的关系"。

这正是旧约所着重之处,即以色列百姓"认识上帝"。它隐含了一种比夫妻更亲密的互动关系。而在新约中,"认识上帝"产生了更加深远的意义,因为认识耶稣基督也就是认识天父上帝,这在福音书中有十分清楚的强调。上帝差遣他的灵进入我们心中,正是使徒保罗说的:"你们所受的不是奴隶的灵,仍旧害怕;所受的乃是儿子的灵,因此我们呼叫阿爸、父。圣灵与我们的灵同证我们是上帝的儿女。"(罗8:15-16,新译本)在保罗另一卷书信中,他又回到这个主题:"你们既为儿子,上帝就差他儿子的灵进入你们的心,呼叫:'阿爸、父!'可见,从此以后,你不是奴仆,乃是儿子了。既是儿子,就靠着上帝为后嗣。"(加4:6-7)

"呼叫"这个词生动地表达了人最深切的情感,通常是描述一种无可言喻的痛苦,就像耶稣在十字架上发出的呼喊。所以我们现今能从灵魂的深处,进入与上帝之间一种荣耀且崭新的关系中,人与他的关系再也没有比这更亲近的了,而我们也得以分享圣三一神(父、子、圣灵)之间那种永恒友谊的奥秘。

西方世界未能看见三一上帝里面关系的重要性,实在可悲。西方人对仅仅拥有理性上的确据就已感到满足,却不努力寻求这种关系上的确据。这样说并非贬低人的思想或理性,因为这些都是上帝赐予的,但合乎理性的信仰必须成为人与上帝建立关系的起点。人必须首先明白有关上帝的真理,然后才能亲自认识上帝。理性思想是信仰旅程中一个极佳的出发点,但若人们只是停留在理性阶段,就不免酿成大祸。

在人与人的关系中,我们不会只停留在知道对方的基本信息而已;我们还会想搜集更多有关对方的事,但即使如此,也仍然未与他建立关系。除非有爱,否则不能让彼此产生实际的关系。而当我们得到对方爱的回应时,我们就会有很大的快乐,这远比信息本身更美好、更愉悦。这种情况当然也可以扩大,应用于人与上帝的关系上。有关上帝,我们能道出的最高真理即"上帝是爱",这是我们必须亲自去体验的,否则,那种以头脑认知的爱是毫无价值的。

学术界有一个错觉,就是以为人在知识上明白上帝便可取代"经历上帝"。然而,我们无法在这种扭曲的思维里找到幸福的终极源头;只有靠着亲自经历上帝,才能找到认识上帝的真正途径。

走过天桥,越过黑暗

以上所说的,是"空降神学"吗? 是否让你觉得飘浮在现实生活之上,虽然很不错,但却不够实际? 那么,究竟该如何在日常生活中与上帝建立关系呢? 或许举例说明是最好的方法。下面是伊芙琳的故事。

伊芙琳在英国一个村庄长大,父亲事业成功,母亲出身名门;伊芙琳有一个姐姐,而父亲特别偏爱这个姐姐,每当伊芙琳抱怨自己没人爱的时候,母亲总是站在父亲那一边。孤单无助的伊芙琳深深感到自己被父母拒绝。礼拜日去教会也像遵守饭桌上的礼仪一样,只是例行公事,没有特殊意义;家中一切较深层的情绪都被礼貌性的沉默遮盖住了,伊芙琳不敢说出她心底的感受。到了青少年时期,她开始叛逆,而她的父母一点也不理解她为什么会叛逆。

　　十三岁那年,伊芙琳有一次被一位严厉的老师叫起来,要她在全班同学面前朗读,她慌张恐惧到当场晕倒,嘴唇发不出任何声音。从那天起,她再也不出声唱歌,只会忧伤地傻笑,让别人随意解释她沉默的原因。她的情绪越来越不正常,而且觉得自己被所有的人拒绝了,只能一个人活在空虚中。伊芙琳后来独自搬到伦敦居住,她不停地换男朋友,与不同的男人上床寻求慰藉。她仍旧少言寡语,告知最新交往的情人说:"我没有声音;我能给你的,只有我的肉体。"她没办法开口唱歌,也不知自己该说什么,因为对她来说,任何亲密的沟通都不可能。既然怕透露自己的事,那她还有什么可对别人说的呢?

　　后来,伊芙琳开始读一本根据耶稣生平写的小说《圣袍千秋》(*The Robe*),这是道格拉斯(Lloyd Douglas)于 1942 年写的。她在阅读当中感受到主耶稣人性那一面的温暖,让她觉得可以与耶稣说话,因为主耶稣也曾经被人拒绝。

但是，主耶稣称上帝为"父"，这在伊芙琳看来是个矛盾，因为她自己的父亲对她一点也不关心，那位上帝又怎会在乎她呢？

主耶稣在世上生活时，时常很自然、亲密、诚实地在上帝面前称上帝为父，因此让伊芙琳也渴望与主建立起爱与信靠的关系，而这里面可能带有医治的大能，或许能进一步帮助她认识上帝，并以上帝为自己的父亲。有一天，她与一位基督徒朋友倾心深谈许久，最后他们一同默祷，等候伊芙琳自己开始向主祈求。起先她犹豫着，后来慢慢敞开了自己。她以一句痛苦的哭喊声打破了沉默："耶稣啊！请你赐给我声音来祷告！"因着渴望沟通、渴望有人能亲密地了解她，使她终于将长期压抑的心事一股脑儿全部倾倒出来。生平第一次，她了解到发生在自己身上的事；从前她缺乏字词，没有心灵的声音，只能把自己的肉体给别人。当她终止了多年的沉默之后，终于体验到使徒保罗所说的那句话："圣灵亲自用说不出来的叹息，替我们祷告。"(罗 8:26)

正如《诗篇》40 篇说的，上帝给了她一个新的声音来歌唱："我曾耐性等候耶和华，他垂听我的呼求。他从祸坑里、从淤泥中把我拉上来，使我的脚立在磐石上，使我脚步稳当。他使我口唱新歌，就是赞美我们上帝的话。许多人必看见而惧怕，并要倚靠耶和华。"(诗 40:1-3)伊芙琳开始明白，我们学习认识这位有位格的上帝，过程其实非常简单。首先，我们对信仰的偏见消失了，开始能分辨上帝与自己的父母是不同的,接着,我们爱上帝的渴望会在我们里面逐渐苏醒,使我们渴望变得更像耶稣,学习像他那样祷告,像他那样亲密地认识天父,并渴望也能拥有他所拥有的圣灵。我们若寻求上帝的饶恕和接纳,然后就看见耶稣作了"桥梁",使我们能够跨越那隔开人与上帝的深渊。从此以后,我们跃向上帝的行动,就不再像是黑暗中可怕的纵跃,而是借着耶稣以人性搭成的一座稳固之桥。他的灵不时将新生命吹入我们里面,使我们渴望像小孩子那样信靠他。

路易斯的《返璞归真》(Mere Christianity) 一书中描述了人与三一上帝奥秘交往的过程:

一个普通的、朴朴实实的基督徒跪下来祷告时,他希望借着祷告来和上帝接触。他若是基督徒,他当然知道,那感动他要他祷告的也是上帝;而我们可以说,是他里面的上帝在感动他。他也知道,他对上帝的知识是从基督来的。基督本是神,但成为肉身,现在正站在他身边,帮助他祷告,也为他代求。你看! 一个人祷告时,是向那超乎万有的上帝祷告,上帝是他要接触并与之相交的目标。上帝也在他里面,是催促他、感动他的那股力量。上帝也是道路、桥梁,是人借以走向他的目标。所以这位三一上帝完整的三个向度的生命,实际上都可以在一间小小的卧室中,在一个普通人祷告时运行。①

　　这是许多解释中的一种,告诉我们如何能进入三一上帝的奥秘之中,虽然这奥秘会一直不断地使我们震惊、破碎。多恩(John Donne)曾这样祷告说:"三一上帝啊,请捶击我的心!"

　　认识上帝的最佳入门,可能就是经由耶稣来发现上帝,毕竟耶稣是从上帝而来的,取了人的肉身之后,住在人世间。既然人们习惯彼此交往,那么,降世为人的耶稣当然是人与上帝之间最自然的连接管道。我们阅读福音书里的耶稣生平时,可以跟着他门徒的脚踪,发现那些门徒与我们一样,总会发出各种有关耶稣的问题,因为耶稣令他们困惑不解。是的,兼具神人二性的耶稣确实是个极大的奥秘。不过,耶稣也是他们的朋友,让他们清楚晓得他现在、将来都必与他们同在。

　　耶稣死而复活,升到天上之后,在五旬节那天,他的灵降临在众门徒身上。这种新的关系与体验,比耶稣身体与他们同在时所经历的关系更加亲密,因为耶稣以这种方式实现了他所说的"我必不离开你,也不撇弃你"的应许。因为他从此进入了他们里面,作他们生命的引导、保惠师和安慰者,而且永远与他们同在。初代门徒的这种经验,也是我

---

① 改译自《返璞归真》,香港:海天书楼,1995 年。——译者注

们所有基督徒的经验,这表示我们成为一个真正的人,抓住了做真正的人之秘诀。

有了这种新的洞见之后,接着,我们就可以开始想办法克服现今许多无人性的文化中那种死气沉沉、冷若冰霜的疏离。

敞开心灵

我们或许已经明白,若不亲自认识上帝,我们就没有能力成为自己心中期盼的那种人。我们或许看见自己也像希拉利和苏菲的父母,或像伊芙琳一样。每一个人都需要基督——上帝赐给世人的圣婴,显出并转变了我们的虚伪。因此,我们只有将自己献给基督、降服于他,才能变成真实的自己,变成更人性化的真我。这听起来"似非而是"的论证,其背后的理由是:虽然人很软弱,容易受伤害,但基督不是像异教徒的神祇那样完全抹除敬拜者的人性;他乃是成就了我们独特的人性。所以,这并非人能靠自己梦想所得到的事。他释放我,让我更像真正的自己,因为我的独特性受到他的鼓励和肯定,我感受到自己真是一个被他所爱的人。

与此同时,我也要付上代价。相信唯有上帝能使我做真正的人,这就意味着我要全人投入上帝的旨意。

文艺复兴的格言是"活得警醒",但是耶稣教导我们要"活得自由",进而"活得丰盛"。耶稣的教导与当时令人沉沦的宗教成了鲜明的对比:"你们若常常遵守我的道,就真是我的门徒;你们必晓得真理,真理必叫你们得以自由。……我实实在在地告诉你们:所有犯罪的,就是罪的奴仆。奴仆不能永远住在家里,儿子是永远住在家里。所以天父的儿子若叫你们自由,你们就真自由了。"(约8:31-32,34-36)

当时质问耶稣、钉死耶稣的宗教领袖,其实是在虚假的宗教之下掩饰其权力贪欲。他们的宗教不能提供个人的自由,也不能给人带来真正的幸福快乐,所以他们躲在自己戴的宗教面具后面,不断地隐藏自己的心,宁愿作个虚伪的人。一个虚伪的社会无法带给人真幸福,因为它一方面应许乌托邦,另一方面又活在虚伪中。如果我们要得着真自由,脱离荒谬和言行不一,就必须敞开心灵,以道德勇气去面对过往的失败。

脱离荒谬的社会

现代人都注重享乐和隐私,住家环境也有各种方便舒适的设施,许多小物件和大机器都做得十分吸引人,汽车越来越新颖亮眼,大众教育随手可得,升职加薪可以永无止境,还能轻易前往全球各地度假、游玩或工作。只不过,在这层令人满意的表层下却处处充斥着仇视、对立和暴力,似乎世上再也没有哪个地方能让我们感觉是彻底安全的。

有太多人成天背负着恐惧和焦虑,找心理医师就像去超市一样平常。有太多的夫妻吵着要离婚,不惜让儿女过着失常的家庭生活。还有太多人受毒品、酒精、非法性行为、强迫性恶习所捆绑。物质进步给人们带来的不幸,似乎总在讥笑人;情绪失常的潜在杀伤力,就像不定时炸弹,随时可以令我们的社会结构(从最小的家庭到国家)瘫痪。

我们已经看见,如果准许人在情感上开放,西方社会将变成什么样子,所以西方领袖们并不愿意开放(不是指政治),他们感觉一旦开放就意味着全世界陷入动荡不安的无政府状态,因此,他们并不想在这个被称为"自由世界"的心灵领域里采取开放政策。

近代世界充斥着各式各样的荒谬:毫无限制地膜拜理性,疯狂追逐冷冰冰的机器,敬畏并追求更新一代的技术,固执地迷恋某些物质,疯狂的消费行为……文化给生活提供了一条间接的进路,分散了人们的注意力,因而使人们忽略了灵魂里不可缺少的东西,反而投入大量的时间和精力在角色、程序、权位和利益等事务上。很多人行事不是出于责任感、正义或爱心,这导致人的感情和生命被极大地浪费。某些社会制度非常不人性化,人的心灵已不堪重负,变得越来越消极、被动,甚至只剩下奴隶似的畏缩心态,要不然就干脆置身事外,以反叛精神面对人生。

这就是为什么无论在西方或东方,都需要一种新的诚实精神和开放态度,这不是为了改变而改变,乃是要悔改。尤其是现代人已在很大程度上丧失了羞耻感,如果个人没有羞耻感,那错误的价值观、崇拜假神、自我欺骗、自我满足和虚伪形象,就无法改正过来。人缺乏罪感,或者说,他不认为必须亲自向上帝交账,或者他不觉得自己对生活负有责任、应该做生活的好管家,这些正是人类梦想至终破灭的主因。

如此说来,脱离荒谬其实就是脱离偶像崇拜。崇拜我们自己所造出来的偶像,其实就是以自欺的方式崇拜自己。我们以为自己可以制造生命所需的一切,包括幸福,然而,只要我们愿意稍微想一想,就能知道人类是无法完全自给自足的。人不单单是自我的产品;整个人类是一同领受、一起分享的,有谁能夸口完全自给自足?那只是人的无知妄想罢了。一旦我们的生命中没有上帝的位置,我们就注定一辈子活在妄想中。

我们需要重拾童真。在童年最初的意识中,可以感觉那慈祥的上帝及圣灵在护卫、看守着我们。诗人特拉赫恩(Thomas Traherne)如此写道——

像天使般,我降生在地;
地上万物何等明亮辉煌!
我最初出现在他奇妙的大工中,
头上戴着荣耀冠冕。
世界显示了他的永恒,我灵畅行其间,
所有映入我眼帘的,似乎都在与我倾谈。
穹苍庄严美丽,大气活泼可爱,
啊,一切多么神圣、柔和、甜蜜、美轮美奂!
夜空繁星,悦我眼目,

上帝所造万物,如此明亮纯洁,

如此丰盛、伟大,

似乎当受我的尊崇、敬仰,无尽无涯。

华兹华斯曾经把童年对上帝的感受形容成"尾随荣耀的烟云"。可是他后来又说:"当男孩慢慢长大,监狱的阴影就开始笼罩他的四周。"

我们长大后,上帝的同在变得越来越模糊,直到最后,他终于消失在我们的事业后面。许多人的经验是:等到年老了,返老还童,智能衰退,那创造我生命的主宰才会再一次变得明显起来。这时才体认到,自己的一生犯了多么可怕的错误,竟然会崇拜我自己和人手所造的偶像!

这么说来,我们的自由是存在于童稚般的纯真心灵中,因为耶稣已经说了:"你们若不回转,变成小孩子的样式,断不得进天国。"(太 18:3)

脱离瘾癖的生活

如果说幸福是得以行使个人的自由,那么完整的人格就在于拥有这种自由。今日社会之荒谬在于,它赞许人们的成就,但事实上其中有许多成就只不过是化妆了的瘾癖罢了。人一生的大部分时间都是在掌控欲与愤怒心这两种沉溺之间,不断地循环。一旦这两种沉溺被剥夺,人便容易坐立不安,好像犯了什么瘾头似的(渴求立刻服上一剂），这在人们转换工作、退休或是遇有重大改变之际最容易发生。或许人此时才会开始看清楚，原来自己对日常作息的模式早已成瘾。掌控欲成瘾在许多成功人士身上尤其明显。

我有一位朋友，他曾经是某个大医院的院长，在事业如日中天的时候，突然放弃院长的职位，只为了能好好反思"什么是更真实的生活方式"。他记得小时候曾经重复不断地梦见自己掉进一口黑暗的深井里。他的表层意识中总有一种摆脱不开混乱的感觉，因而使他在成长时期产生了强烈的掌控欲。他在学术上成就斐然，他的聪明才智使他能成功掌控身边的大小事务。后来他终于戒除了这种掌控瘾，这解救了他的婚姻。从此以后，他开始更关心人与人之间真正的关系，对上帝也有了崭新而深刻的爱，这爱取代了他对自我成就无餍的追求。

许多人觉得自己在世上无家可归，没有根，好像中世纪时期的犹太人或是现在散居全球各地的华人一样。这些族群常常用选择"正确的职业"这种掌控欲，来补偿他们内在的不安全感，只是后来他们才发现自己为此付出了多大的代价。离乡背井的生活，醉心于工作与成就感，追逐金钱与权位，这些使他们渐渐疏远了家人、朋友和上帝。

情绪成瘾的另一个极端，可以用马格丽特作为例子。让她上瘾的是愤怒，因为她向来无法控制自己的情绪。过去因为害怕她那位主见很强的母亲，所以变得唯唯诺诺，从不采取主动。到了中年，马格丽特想到自己可能无法生育而经常哭泣，因为她年轻时害怕结婚，觉得婚姻需要主动，但她觉得自己办不到。为什么她会愤怒、情绪起伏无常？因为她对自己胆怯，缺乏自我肯定，充满挫折感，她生母亲的气，也生自己的气。从外表看来，她像个胆小的女人，没有人会想到她温和举止的背后，其实潜伏着一座活火山，随时可能大爆炸。

我们若要寻找完整的人格和幸福，就必须积极对付内在情绪的混乱状态；压抑隐藏的愤怒对人没有什么好处。正如布莱克(William Blake)所指出的："我生敌人的气，口里虽然不说，怒火却不断升温。"只有上帝的爱能满足我们内在难以满足的渴望——想要被认可，被接纳，被爱。也只有在基督里，我们里面隐藏的怒火才可以被熄灭。

从自欺走向自由

造成我们有瘾癖的生活，最主要的原因就是自欺。我们把强迫性的行为解释成完全正常，说："噢，我这样的反应是很自然的啊！"或说："我就是这样被抚养长大的，我们家正常得很！"

但是真的正常吗？如果我们是亚当、夏娃的后代(无论是就字面或象征性的解释)，那么断言人类的家庭有什么不正常，是公允之论吗？有人说，若要成功克服自己的缺点，我们只需要对自己忠实就行了。莎士比亚的《哈姆雷特》

剧中,有一个角色听到这种劝告:"最要紧的是,要对你自己忠实,就像黑夜紧随白昼,你对自己忠实,就不会欺诈别人。"这种应许是何等肤浅,等于是我与我的真自己结婚。人性专家在进一步探索之后发现,这是不可能的。史蒂文森(Robert Louis Stevenson)在他的小说《化身博士》中对哲基尔医生(Dr. Jekyll)和他那凶狠的另一个自我海德先生的描述,反而更接近人的真相——我们都有精神分裂的倾向。

俄国小说家陀思妥耶夫斯基、托尔斯泰两人都更深入地探讨过人类的心理,并且揭露出人内在天性的丑恶;一个世代之后,弗洛伊德也是如此。爱尔兰诗人兼剧作家叶芝(W. B. Yeats)比莎士比亚更加清楚地看到了人的虚假和冒充:

那些雄伟的形象由于完整性

从纯洁的心智中成长,但从何开始?

从一堆垃圾或街头的残渣,

一个破桶,旧锅,旧瓶子,

老铁器,老骨头,老破烂,那怒叫的老婊子,

她掌着钱柜,如今我已失了梯子,

我必须躺下,在一切梯子的底部,

在我心田的污秽的破骨烂肉铺。[1]

---

[1] 录自《叶芝诗选》,袁可嘉译,湖南文艺出版社,2013 年。略有改动。
——译者注

叶芝所表达的是,雅各梦见了天梯。二十一世纪的人却不同,我们已在世俗的不信之中丧失了通天的梯子。著名的近代心理学家莫瑞尔(O. Herbert Mowrer)承认:

几十年来,我们心理学家把罪和道德责任这整件事,看作是一场梦魇,而且声称我们得了自由,脱离了罪与道德的责任,就是创造了一个新纪元。但至终我们发现,这所谓的"自由",是用"生病"来作为犯罪借口的那种自由,实际上是置自己于迷失的危险中。

我们有罪的心灵具有一种本质,就是欺骗自己,而且还不让自己和别人发现这种自欺行为。结果是,罪的严重性被粉饰太平,或在时间流逝中被遗忘了。我们如果拒绝面对自己有罪的事实,就会继续醉生梦死,接受各种偶像和瘾癖的团团缠绕。

我们的生命中若没有上帝,我们若未能体认到自己心中的罪,就得不到上帝的饶恕和接纳,只能注定虚伪地活着。如果有人相信上帝死了,那么他戴上面具生活也情有可原,因为面具可作为他唯一拥有的现实;坦白说,他只好逃入希腊神话的虚空和恐怖之中。十九世纪率先道出"上帝死了"这句话的哲学家尼采说:"每一个有深度的心灵,都需要一副面具。"爱默生(Emerson)也如此论到艺术家:"许多人戴上面具写作时,比他们为自己写作时表达得更好。"

爱尔兰剧作家王尔德(Oscar Wilde)则说："形而上学的真理,就是面具的真理。"

人一旦将上帝排除,现实就开始分崩离析,不再有绝对,不再有道德责任,不再有普遍真理;剩下的只是外表和面具。这就是尼采所设想的人类在无神世界中的"失重状态"。弗洛伊德还下过一个结论,说人类的命运就是"在文明中不快乐",这也是他为自己最后的著述所取的书名,但是出版商后来说服他把书名改为《文明及其不满》。其实,他原来的书名更诚实。弗洛伊德深深感到不幸福、不快乐,这让我们看见,现代世界里没有真正的幸福快乐。

弗洛伊德与我们今日许多人一样,不快乐乃是因为上了瘾,上了掌控别人、掌控事务和处境的瘾。他虽然住在世界音乐之都维也纳,却坦白地说:"从音乐中,我几乎不能获得任何快乐,我里面突然生出的某种理性或分析,会拦阻我受感动。如果我不明白自己为什么受感动,又到底是什么东西在感动我,我就会抗拒感动。"任何不能用理性去了解的事,弗洛伊德都予以排斥。事实上,音乐勾起了他的童年回忆,让他想起那位比父母还爱他的虔诚保姆。音乐使他心中的那个孩子被唤醒,让他再度感受到失去保姆的痛苦和深切的无助感。宗教也让他痛苦地回忆起自己童年时的无助。无论是对音乐或宗教,弗洛伊德都不愿意让自己从理性的高台走下来,进入自己情感的深邃海洋中。

上帝对我们的认识,远超过我们对自己的认识。我们在基督里接受上帝，这绝不是弗洛伊德所经历的那种可怕的无助感，而是一种全新的认知，明白自己在上帝的爱中重新活了过来。这是充满荣耀的转变，是从自欺的死阴中走了出来，进入崭新的现实中，开始为天上"那一位"而活。

只有真正的信仰能带给我们真正的自由，使我们成为更真实的人。这信仰能释放我们，享有更真实的人际关系。只有这位曾经成为人的神，能将这恩福赐给我们。只有当他那完全的爱找到我们的时候，我们才可能脱离困境和孤单。只有上帝的爱能赎回我们受伤的童年，恢复我们里面原有之上帝的形象，并且借着住在我们生命里的圣灵，使我们能审视、更新自己的动机和态度。帕斯卡尔的观察非常真确：

不认识上帝，就毫无美善。人愈接近上帝，就愈幸福；人愈远离上帝，就愈不幸福。而最终极的不幸福，必然缘于人与上帝的截然对立。

第 8 章
幸福家庭

谈谈我妈妈吧！每件事到最后，总是会回溯到妈妈。我小时候还未上学之前，行为准则就是讨妈妈喜欢。凡是让她不开心的，就是错；凡是让她开心的，就是好。记忆中，她总是不太开心。这就是为什么我在人生还没起步以前，就觉得自己是个失败者；我想，在家庭中视为理所当然的那些事，给孩子们留下的印象最深，远超过用嘴道出的那些事。

——T.S.艾略特

这章的开场白是引自艾略特的戏剧《合家团圆》(*The Family Reunion*)，说话的是一位寡妇的大儿子哈利。

哈利本来是该回来承继家业的,但是家庭带来的情感上的压力迫使他逃离家园,成为一名医疗宣教士。然后哈利发现,原来幸福"不在于得到你所要的,或是终于除掉你所难以丢弃的,而在于你拥有了一个不同以往的视野"。他的新视野是:透过承继家族情感的遗产来看待事物,解除过往造成的重担,以及医治那久埋意识深层的记忆。

当哈利的内心逐渐面对自己不幸福的家庭时,他开始发现家族中有许多尘封已久的事,例如:懦弱的父亲总是屈服于强悍的母亲;父亲如何与姨妈通奸,又试图谋杀母亲;父亲如何在他八岁时遗弃全家;而他自己的童年就像"一连串尖叫的物体,在旷野中漫无止境地漂流"。

所以哈利才会决定在母亲生日那天离家,再也不想回去了。他无法解释自己到底是怎么了,也说不出自己究竟要去哪儿,他只是承认:"过去一年,我一直在逃避,我总是忽视那些隐形的追逐者。现在我知道,其实我一生都在逃跑,一边跑,一边被幽灵吞食。"随着新的领悟渐渐增多,哈利已明白:"我该做的不是逃跑,而是去追求;不是避免被寻获,而是去寻找。"

根据社会学对"幸福感"的问卷调查,发现美国大约有百分之六十的人回答说自己的婚姻是幸福的。毫无疑问,哈利的家庭也会给出肯定的答案。这显示他们其实没有真正明白何谓幸福。西方世界每年有几百万对夫妻离婚,这项真实的统计数字,足以显露出不幸福的真相,令人触目惊心。而另一个悲剧是,基督徒的离婚率与其他社会群体的离婚率不分轩轾。

婚姻行走在上帝的同在中

做一个真正的人,意味着自觉地活在上帝面前(如上一章论到的),那么,一位男子与一位女子同住一起,要活得有尊严,就需要在二人世界中进一步意识到上帝的同在。人性之所以损坏,部分问题出在自我欺骗,这也是为什么"心灵的朋友"非常重要,因为他们有时比我更了解我自己。真正的朋友可以帮助我们冲破自欺的藩篱和障碍;婚姻伴侣更可以做这种心灵的朋友。

西方社会过分夸大和强调个人主义,无法帮助人诚实地活出真正的自己,反而常常让人困在自欺的错觉中。现代咨询的技巧则更进一步误导人,让"受雇的朋友"给予忠告,而受雇的朋友通常会根据"顾客永远是对的"这个不单纯的动机来提供服务;这样的朋友难以帮助人诚实面对内心最痛苦或不堪的一面。

这一点可以帮助我们了解,为什么这一代的家庭,在接受了前所未有的专业辅导、心理分析及研究成果之后,却比上一代的家庭破裂得更快、更剧烈。如果连个人都需要上帝的帮助,那么,婚姻就更需要上帝的帮助。在现今这种自恋的文化中,两个患了自恋症的人如何能学习彼此相爱呢?有些早期教父认为,结婚的人比独身者需要作出更多的牺性,因为抑制性冲动的问题若与婚姻中的男女冲突相比,根本算不得什么。

只有当我们成为"真实的人",我们才能自由地把自己交给另外一个人。真正的婚姻要求我们信任、忠诚、稳重、恒心和自我牺牲,但是我们中间没有人天生就具有这些品格,因为我们的父母在教养我们的过程中,或多或少会犯一些错误。这样说来,我们怎能实际创造一个幸福的家庭呢?唯有靠耶稣基督了,他能让我们成为真诚实在的自己,即使处在冷漠无情的世界里,仍能做一个真正的人。具有"像耶稣"那样的人性,这是人类幸福的真谛。

耶稣依次将三位一体的奥秘指给人看,三一真神中的每一个位格都互相给予、互相倚靠,但又各持不同的身份。这意思是说,群体性和关系性乃是上帝本质里的中心。既然人必须经由与上帝亲密的相通,才能成为真正的人,同样地,两个人的婚姻也只能在上帝里面产生并透过他来维持。俗话说,婚姻是"天作之合",不是没有道理的。

在这一问题上,可能有人会提出一个很好的反驳:"但我恰巧住在地上,而且我要在地上享受美满婚姻!"针对这一点,早期教会的传道人克里索斯托(John Chrysostom)说,耶稣在加利利迦拿的婚宴上,行的第一件神迹就是为了婚姻,因为他不仅出席婚宴、祝福婚姻,而且还把水变成美酒供客人享用,这就象征了耶稣是婚姻中一切喜乐的神奇源头,他的同在更超越夫妻关系上的所有努力。直到今日,东正教的婚礼仍不断引述耶稣圣工中的这件奇迹。

在我们这充满人性局限的婚姻里,耶稣能倍增我们幸福的泉源,远超过我们所求所想。我本身也在自己的婚姻和四个儿女的婚姻中看到了这一点,几十年来我的婚姻幸福无比,但愿子孙也如此幸福。

我这样说自己的婚姻,是否有些大言不惭?但这正是古代以色列人诵读《诗篇》128 篇、赞美上帝时表露的心情:"凡敬畏耶和华、遵行他道的人,便为有福。你要吃劳碌得来的,你要享福,事情顺利。你妻子在你的内室,好像多结果子的葡萄树。你儿女围绕你的桌子,好像橄榄栽子。看哪,敬畏耶和华的人,必要这样蒙福!愿耶和华从锡安赐福给你;愿你一生一世看见耶路撒冷的好处。愿你看见你儿女的儿女;愿平安归于以色列。"

这首赞美诗充满了象征意义,值得我们逐项去探讨。"福"就是我们所追寻的幸福,是生活中的至善。"敬畏耶和华"是指信靠上帝,顺服他的话语和旨意。"遵行他道"反映出旧约中的耶和华上帝对以色列人的要求。《诗篇》25篇则是对此的回应:"求你将你的道指示我,将你的路教训我。求你以你的真理引导我、教训我,因为你是救我的上帝。"

葡萄树结实累累,这象征祝福满满,所以妻子"多结果子"对丈夫和儿女都是祝福。"橄榄栽子"就像葡萄树一样,象征一切长存的,包括幸福、安康、儿女;儿女向来被视为人生长久幸福的来源之一,因此被包括在幸福家庭的异象里。"围绕你的桌子"显示每一顿家常便饭,家人都团聚一堂,成为神圣的欢庆。"锡安"是象征上帝属天的临在,"耶路撒冷"则是锡安在地上的对应。同样,上帝在我们生命中所做的,我们也可以在实际属人的光景中找到对应。

像这样的旧约《诗篇》在新约时代的教会中吟唱的时候,就有了新的意义,尽管旧的应许仍在,在崇拜者的生命中能随时实现。以新约来说,"以色列"成了现在的基督教会,"锡安"已经随着耶稣基督的到来而临到了全地。如今我们是基督的"新妇",而真正的基督徒家庭乃是他在地上国度与王权的有形证据。所以东正教婚礼会为新郎、新娘加冕,表达婚姻象征了上帝在地上掌权的真理。我们的婚姻若能被上帝改变更新,就能"以幸福为冠冕"。

但遗憾的是人们常常不感激彼此,不感激上帝,也看不见生命被上帝转变更新的可能性。如果我们还没有体认到人的本质和群体性乃是源自三一上帝父、子、圣灵的本质,我们就很可能会把人的生命、人与人的关系看得很低、很不重要。这也正是为什么我们要问:如何照上帝原初的心意重造婚姻呢?

婚姻是奥秘

为什么我们要谈结婚的奥秘? 一男一女彼此喜欢,决定一起安顿下来,结婚,这有什么稀奇? "从此过着幸福快乐的日子",这种情形如今已不常见,但是反正现代人都很长寿了,所以不必指望一次婚姻就得到幸福快乐,婚姻只不过是两个人同意住在一起罢了。这些想法对不对?

这种论调不期然地承袭了古罗马的婚姻态度。罗马法律中,婚姻只是两个自由人之间的合约,它有一句著名的格言:"婚姻不在于性交,而在于彼此的赞同。"这法律赋予罗马女性比当时其他社会的女性有更多的自由,尽管法律上没有让女人同男人一样被视为"人"。所以其婚姻的基础只在于两个人"彼此赞同"。

在古代以色列,婚姻的基础是繁衍下一代,那时,以色列对死后的生命并没有清楚的信仰,所以儿女就代表了国家和个人未来的盼望;直到新约时代,这情况有了改变,因为耶稣死而复活了,生养儿女与未来盼望的联系已因为他而切断了,所以未来的盼望乃是在死后的永生。这就是为什么新约不说生养儿女是婚姻的基础。从基督信仰的观点来看,人们彼此赞同或生养儿女的目的都不是结婚的正确理由。

由于我们的文化贬低了结婚的理由,所以对婚姻的永久性看法就会持狭隘的观点,这也与西方文化的根源有关。罗马人与犹太人的法律结构不同,但都允许离婚;基督徒对婚姻的看法却全然不同,因为婚姻是两个独特的人结合,并且知道自己的人性是从上帝来的。正因为这种观点,婚姻誓言"至死才分离"的观念才有了意义。

在耶稣的教训中,婚姻的永久性向来与法律无关;"除非有淫乱的事发生",否则不允许基督徒离婚。这并不是说奸淫是基督徒离婚的一项合法依据,而是因为耶稣不鼓励门徒用世人的法律观点去思想、行事。只有当我们行为不像耶稣的门徒时,才会出现淫乱的事,导致后面必须走到离婚的法律程序。

耶稣订定的标准,已排除了奸淫及离婚的可能性,这在现今看来简直高不可及,而在当时耶稣的门徒也是如此认为,所以他们绝望地对耶稣说:"人和妻子既是这样,倒不如不娶。"耶稣的回答是:"这话不是人都能领受的。"(太 19: 10 - 11)不过,耶稣的教训里确实指出了奸淫和离婚的严重性。婚姻里的不忠,是出卖了夫妻关系中的自由,是很可悲的事,除非有恩典和饶恕,否则必定导致离婚。

如果婚姻因一方的死亡而中断,那活着的另一方可以再自由嫁娶。这是出自古罗马和犹太时代的观点,但也影响了基督徒的观点。使徒保罗教导说,基督徒的爱是永不止息的,因此他不鼓励鳏夫、寡妇再婚,但他也没有实际禁止再婚。使徒保罗的观点似乎是:这不是上帝对婚姻的本意。或许有人会说:"新约的教训无可救药地与现代生活脱节了!"或许,我们也应该从另一个角度来说:"现代生活的疯狂是无可救药地与上帝脱节了!"我们所追求的幸福,事实上已变得比我们预计想要的更为激进。世人以为结婚不过是两个人"住在一起",基督徒却发现婚姻其实是"在基督里联合"。

　　基督化的婚姻是一男一女的联合,在他们的婚姻生活中将基督的降临、死亡、复活的生命实际地活出来;真正的婚姻是在日常家居生活中经历上帝的国度。使徒保罗指出"这是极大的奥秘",因为那绝不只是两个人住在一起而已。他说婚姻的深奥乃是基于一项事实:婚姻中的合一,以及"基督与教会"的合一,二者奥秘地结合起来了。换句话说,婚姻是具体又细微地展现了整个福音的内涵。上帝的慈爱、饶恕、同在、能力和友谊,都包含在婚姻里了。

　　因此,基督化的婚姻就像是一扇敞开的门,透过这扇门,我们得以看见新的异象,并且迈入一处前所未知的广大领域。这不是什么魔术,因为婚姻确实能给我们展现出一种新的亲密关系和友情,而不是冷冰冰的权力或轻飘飘的梦想。使徒彼得提到,夫妻应当互相顺服,就像耶稣在人世间顺服天父,一直到死在十字架上完成救赎之工。使徒彼得把我们应有的态度,与耶稣的态度作紧密的相连;基督在人际关系中是为众人而活,所以我们也要效法他服侍人的态度,不仅在友谊和其他关系上如此,在婚姻中也是如此。

婚姻带有亲密的能力

　　圣经《创世记》中描绘了一幅美丽的图画:在清风习习的夜晚,上帝与亚当、夏娃在园中同行;而这个花园是亚当、夏娃夫妻俩同心协力培育的。这幅图画是象征基督徒的婚姻生活充满了友谊和亲密。"亲密"这词的意思是彼此亲近、诚实、亲热、相爱。但现今社会中对"性"的痴迷已让人们的思想定型,以为亲密关系就是"性关系",这种狭隘的认知剥夺了"亲密"所蕴含的丰富和力量。

我们若与上帝之间没有亲密的关系,那么在婚姻里我们也不会有真正的亲密关系,这个道理与旧约中爱上帝、爱人的双重诫命遥相呼应。真正的亲密是从发出像《诗篇》所记载的呼求而开始的:"你说,你们当寻求我的面。那时我心向你说,耶和华啊!你的面我正要寻求。"(诗 27:8)这种与上帝深刻灵交的愿望,在《诗篇》中比比皆是,是早期基督徒社群的特质。这也是对现代人的呼吁,要我们把企图倚靠自己的虚假自我抛诸脑后,去礼赞我们对上帝的全然信靠。上帝绝不会趁机利用人与他的亲密关系,所以我们要知道,自己在他里面是百分之百的安全,并且因着他的同在,我们就更显真实。这种与上帝的亲密关系能帮助人接纳自己的配偶,两人一起努力,建立更亲密连结的关系,也一同享受最亲密的属灵友谊。

夫妻之间的亲密关系包含"性关系"。性方面的亲密是一面镜子,让人可以面对彼此,让所有的弱点、害怕或孤单都在性关系中反映出来。但也由于这个缘故,错误的性关系破坏力大得惊人。例如一方的弱点被残酷地暴露出来,却得不到另一方真心的理解或同情。过分地沉溺于性行为,显出人缺乏真正的亲密关系;性亲密也会欺骗人,让人以为那就是得到爱与亲近的捷径,而不知那是婚姻幸福的最高峰。如果一方总是怪罪另一方,或是没有给另一方温柔恩慈的理解和接纳,那性交也可能变成一种暴力,叫做"合法的强暴",它会导致双方更深的疏离和孤立,或是表现出一方的依赖,或是表现出一方的孤单付出或退避。

无论有没有性亲密,它都能指点我们要更亲近上帝。我们的性爱光景,能帮助我们看清自己是否带着防御心、不安感,或是为了情欲去操控、利用对方,而没有在爱的连结中满怀信赖、仁慈、尊重、坦然、无私,甚至是自我牺牲。

亲密是一种活生生的经历,而不是一种随手可得的状态;亲密的标记,是一连串相遇又相离的循环(分离时彼此信赖,聚首时彼此交流)。祷告也能反映人与上帝亲密关系的循环:经历灵性的干涸时,需要忍耐和忠心;经历上帝的亲近时,就在静默中享受他的同在。在祷告中静默无言,也是一种与对方相遇的境界。幸福的夫妻可以静静相伴走一段长路,不发一语,因为幸福自在不言中。

我们若经年累月地操练祷告,会为我们的人格带来极大的改变,人与人的亲密关系也是如此。对基督徒来说,很难分清楚自己的改变有哪些是来自婚姻、哪些是来自上帝的爱。与上帝相爱,能大大帮助我们与配偶相爱,因为亲密关系能加深我们对上帝、对配偶的了解。旧约中最伟大的经文之一,《诗篇》139 篇表达了上帝与人的亲密:"耶和华啊!你已经鉴察我,认识我。我行路,我躺卧,你都细察,你也深知我一切所行的。耶和华啊！我舌头上的话，你没有一句不知道的。你在我前后环绕我，按手在我身上，看在我里面有什么恶行没有，引导我走永生的道路。"（1，3－5，24）如此透彻的了解有利也有弊，因为其中若没有爱与信赖，这种深刻的了解也会被利用，导致别人经历可怕的伤害。

我们在婚姻中的亲密关系，象征着上帝与我们的亲密关系；这两者的互换，在另一旧约书卷《雅歌》中得到了优美的诠释。在此层面上，《雅歌》颂赞了两性之间的亲密，从第一节开始便直接展示火热的爱情："愿他用口与我亲嘴。"后来在离合交互之间，女子表达她对不在身边的良人的思念："我夜间躺卧在床上，寻找我心所爱的；我寻找他，却寻不见。"又说："我呼叫他，他却不回答。"象征他们亲密关系的是一座花园，因为新郎说："我妹子，我新妇，乃是关锁的园。"新妇回答他："愿我的良人进入自己园里，吃他佳美的果子。"然后他说："我妹子，我新妇，我进了我的园中，采了我的没药和香料。"这结论很清楚，就是"我属我的良人，我的良人属我"。诗中用丰富的感官意象来描述这种亲密关系，香气和花卉，动物和树木，没药和香料，加上其他经文对人体的描述，都将亲密中的喜乐显露出来。

从旧约其他书卷里也可以清楚看出，亲密就是上帝与他子民之间关系的特色。虽然以色列人对上帝不忠，如同先知何西阿所描述的破裂关系那样，但是上帝仍然应许他们："素不蒙怜悯的，我必怜悯。本非我民的，我必对他说，你是我的民;他必说,你是我的上帝。"(何2:23)以赛亚更大胆地如此说到上帝:"新郎怎样喜悦新妇,你的上帝也要照样喜悦你。"(赛62:5)《雅歌》的信息被解释为基督对他的新妇教会的爱,正如人类的真实性、独特性是源自三一真神的本质,人类真正亲密关系的真实性与合理性,也是源自上帝对人的爱。

以婚姻为信任的焦点

我有一位朋友,他的婚姻很不幸福,因为他的妻子从来不信任他,成天胡思乱想,怀疑他以各式各样微不足道的方式对她不忠。虽然他的婚姻已经没有爱,但他仍保持对妻子的忠贞,只因他曾经历过上帝的信实。这显示出"信任"在婚姻里的重要性。信任是从个人的诚信开始,然后在婚姻中彼此分享这种信任。

我的父亲很严格,也很有智慧,他一直教导我"对异性要尊敬",所以我在结婚前从未与女姓有过任何亲昵的行为。当我们四周充满了摇摆不定的婚姻时,"信任与尊敬"能成为可靠的磐石!许多人在婚前或婚后都不免猜想,对方曾经有过多少次恋情? 将来若出现"劲敌",自己能不能竞争得过? 相反,信任恰如丰饶的土壤,夫妻关系可以在这片沃土中稳稳地扎根、成长。这种信任也可能突然遭到毁坏,或是渐渐腐蚀,可能需要好几代的努力才能重建家族中的信任。因此,信任是一种具有"创意"的媒介,能带来成长;缺乏信任则会抑制、甚至摧毁人与人的关系。

幸福的人会想得到更多的幸福,同样地,信任的关系也会创造出更多的信任! 彼此信任是一生之久的过程,但需先从信赖上帝开始。我们还会发现,我们对别人的信任,也会建立在我们看待别人对上帝的信靠上。

真正令我们值得信任的,不是我们自己,而是我们对上帝的信心。《箴言》如此表达人对上帝的倚靠:"你要专心仰赖耶和华,不可倚靠自己的聪明。在你一切所行的事上,都要认定他,他必指引你的路。"(箴 3:5 - 6)当我们反思自己过去曾如何受到情感伤害时,就能开始明白这个重要原则了。小孩子信任大人是天性,先是信任母亲,后来信任父亲。如西班牙哲学家乌纳穆诺(Unamuno)所说:"孩童的信任是无限的。"不过,当人的情感渐渐成熟之后,就会开始发现自己因父母的表里不一或矛盾而受伤害,例如"妈妈是很爱我,但过分操控我","爸爸嘴上说关心我,却没有给我足够的时间和关注。"

父母的不完全,容易导致孩子产生"补偿性的情感",而且会持续影响一生。可能有人说:"我是个工作狂,现在才知道,这是因为我小时候很努力要赢得父母的赞许。"或有人发现:"我常做白日梦,喜欢把所有的事物理想化,这是因为我小时候常常一个人,没有人陪伴我。"这些补偿性的情感一旦被带进婚姻,就会发现,双方信赖的动力是深深受到各自与父母的关系的影响。其实,这个过程往往在更早之前就开始了,例如女人嫁了一位反映出她对父亲情感的男人,男人娶了一位反映出自己与母亲关系的女人。

我们如何从自己内在情感的捆绑中解脱呢?唯有透过对上帝的活泼的信心,才能在夫妻情感生活上有一个新的开始。这就是为什么当我们想在生命和婚姻中重新出发时,上帝的主动亲近对我们如此重要:"我们爱,因为上帝先爱我们。"(约一4:19)唯有借着经历上帝,夫妻才能凭着上帝在二人生命中的作为,彼此信任、同心同行。使徒保罗给了我们这样的确据:"那在你们心里动了善工的,必成全这工,直到耶稣基督的日子。"(腓1:6)

幸福群体中的必要单元

如果说性亲密反映人内在的生命,那么,家庭生活则反映人外在的生命。有一位母亲要求她的小女儿在开饭前,要当着全家人和客人面前作谢饭祷告,小女孩很害羞,一时间说不出话来,妈妈劝她:"就把我今天早上说的重复说一次就行啦!"于是,小女孩结结巴巴地说:"主啊,我干嘛要邀请这些人来吃饭呢? ……阿们。"其实,人们为了避免这种尴尬,不知遏止过这种微小声音多少次了。

家庭情况是个人幸福、婚姻幸福的一项指标。不幸福的家庭很容易在接下去的几代里,繁殖出更多的不幸福家庭。最近有一位年轻人告诉我,他母亲因为情绪困扰而企图自杀,结果造成终身伤残。在他母亲生命中的最后十年,她两个十几岁的儿子受尽她苦毒和消沉情绪的折磨,而他们的父亲却终日沉溺在酒精里,对两个儿子不闻不问。这位年轻人想在自己的生命中重建幸福,开始要面对前头的漫漫长路;作为一个基督徒,他可以在许多人的扶助下成长,让情感健康重生。

今天这个世界极度需要建立充满爱与和平的社区、社会,然而,许多人连在自己家里都找不到爱与和平。各种异端邪教之所以能广受欢迎,正显露出无数的人放弃了对家庭的正常期望。在基督教思想里,"家庭"一直被视为社群里最主要、最基础的单元;早期教父说"家应该是个小教会",或如新约中说的"在你家的教会"(门1:2)。在家庭里,基督徒可以找到并确认自己的身份,可以发展基督徒之间的关系;在家庭里,丈夫应该担起家庭"祭司"的责任,做妻子、儿女的榜样和照顾者。家庭为孩子提供了一个安全之所,可以在其间自由地询问信仰上的任何问题,并且为自己找到在耶稣基督里的大爱。

在前面几章里,我们看到人的情感生活在个人生命与信仰的成长中占了中心地位。人里面许多的不快乐,反映出情感和人际关系的失调。人里面隐藏的自私是如此真实,完全不需要鼓励就能像破裂的婚姻一样,继续传给子女,影响他们的一生。现今,家庭之爱遭到瓦解,许多父母对子女的责任心、关心竟是荡然无存,社会早晚要为此付上惨重的代价。以罗马帝国为例,当他们的家庭关系普遍脆弱、腐败之际，就是帝国开始步向衰亡的时候。因此，每一个家庭都需要修补、更新其成员彼此之间的关系，当然还有各个成员与上帝的个别关系。

家庭关系脆弱的问题肇因，有一部分是因为多个世纪以来，教会中有关家庭的教导出现了混淆或错解的现象，例如：独身的美德被延伸到修道制度和神父独身的制度上；婚姻被视为文化的一部分而不再是圣经所定义的，失去了上帝定下的价值；性行为的奥秘在教会历史上引起的困惑；儿童的特性、地位遭到了错解，一直到十七世纪，孩童都被当成是小大人一样对待。过去，人们对儿童的情感发育有着不同的理解。

基督徒的成长和教育被很多人当作是教会的责任，结果就剥夺了家庭在塑造基督徒品格上的关键性角色。社会、教会也常常不把家长看作教导下一代的主要人物。因此，我们需要大大改革基督教信仰和教育观念，重新把焦点定在家庭的重要功能上。

此外，婴儿洗礼也反映出教会重视家庭在儿女教养上的角色，无论我们对婴儿洗礼的看法究竟如何。婴儿洗礼相当于旧约和现代犹太人家庭中的割礼，它强调家庭团结一体的观念，因为婴儿受洗是与父母的信心直接相关的；婴儿是因着父母的信心而受洗，并不是依据婴儿本身的信仰。这是与家庭的运作息息相关的事。根据社会学的研究报告，成人的信仰显示他们如今所信的，与他们成长家庭的属灵环境有明显的关联。由于家庭中失去了活泼又实际的信仰,所以今日的信仰只好夸大外在、倚重理性和专业的表现,最后就因此失去信仰的影响力。如果信仰无法落实在家庭中,也会导致整个大的社会都失去信仰。

正如艾略特《合家团圆》中的哈利所说的:"我认为,那些在家庭中被视为理所当然的事,给孩子们留下的印象,远比他们听来的事物留下的印象更深刻得多。"西方社会极需要寻回的,正是这种存在于家庭里的信仰环境。那么,这种环境有哪些特征呢?

接纳与被接纳

待人有恩慈,就是容许别人有独特性,这能反映出我们对自己的身份有把握、有安全感。

本书前面已经检视了人的真正意义是什么,基督徒的全人是新造的,是在基督里的;我们知道自己的生命是扎根在三一上帝里面,知道自己的罪已蒙主赦免,知道自己是蒙主接纳了;无论生死,我们都安稳在主里,因为他是我们的保护者;我们是完整意义上的人。由于这种意义深远的接纳,我们明白了自己的独特性,也接纳了自己的独特性,但这对大部分人来说,却是很难跨越的一个障碍,我们可能会傲慢地说:"感谢上帝,我不是你!"或可怜巴巴地说:"我真可怜,没有你,我好孤单!"基督徒的喜乐在于上帝承认并接纳我的独特性,这远甚于父母对我的接纳。

我还清楚记得多年前在华府的一间私人住宅里,我把这些话告诉一位白宫的高官,他竟欣慰地流下泪来,因为他以前交往过的人,尤其是他的父亲,从来没有这样真正接纳过他。"他是爱我,为我舍己"(加2:20),这个真理彻底更新了他,从此,他明白自己是被天父上帝、圣子基督和内住圣灵的三一真神所认识、疼爱和接纳,而终于找到了幸福的秘诀。

主的话所启示的真理,让我们有能力以恩慈待人。一旦我们知道自己是被上帝承认和接纳的人,就能自由地接纳别人了。这样的接纳,不受我们天生性格的影响,尽管我们可能从母亲承继了责怪、埋怨的禀性,或从父亲领受了猥琐、不负责任的性格。旧约圣经引用了一些古代近东的通俗心理学:"你们在以色列地怎么用这俗语说'父亲吃了酸葡萄,儿子的牙酸倒了'呢?主耶和华说,我指着我的永生起誓,你们在以色列中,必不再有用这俗语的因由。"(结18:2-3)

救赎和恩典,可以切断父母在教养子女过程中造成的不良效应,可以不再让那些负面作用延续下去。我们个人生命不幸福的主因,常源自我们很容易被别人激怒,或是产生偏见。之所以会这样,往往是别人的反应引发了我们想到自己家人曾加在我们身上的伤痛不快,比如说,一些轻易可以承受的小事,竟然在我们里面引起很大的情绪反应。这唯有靠着上帝对我们的接纳,我们才有办法除去这些负面反应。

新约中,使徒保罗常教导信徒要"以恩慈(彼此)相待","在爱中彼此相顾"等等。如果人没有这种对"彼此"的觉知,人的关系就会肤浅、不真实。我们不仅对待外人要温暖地接纳、以爱心和仁慈相待,对待自己的家人和儿女也应当如此,不能随便忽视。

祷告的环境

幸福家庭生活的真正基础是什么?以下几项是不可或缺的:孩子们可以在家里看见父母屈膝祷告;视有规律的属灵生活为常规;夫妻彼此坦诚相向,没有长期的争执或冷战;深切感受到个人对上帝、对彼此的忠诚。这些特性,在家庭中只可意会、不可言传,但是每一位家人绝对能感觉得到。

在这样的环境中,儿女会开始探索,学习冒险,能够在情感上日益成熟,在面对内心状态时不会惧怕。日后,如果孩子成为坚定的基督徒,他就会愿意面对更深的挑战,勇于改变自己的心,调整自己的性格,并且能诚实面对信仰上的种种难题。这些个人追求整全人格的内在挣扎,主要是奠基于基督徒本身的意义。"整全"是无法在混乱中找到的,而是在有秩序的宁静生活中找到的。但是,这并不是说没有挣扎、无须努力,而是说不再有混乱和情感上的混淆困惑。

因此,幸福感和满足感绝非唾手可得。不过,父母给子女的正确心态确实对子女的成长裨益良多。反过来说,这种心态也反映了我们身为基督徒所达到的成熟阶段,如果我们自己是滞留不前的基督徒,就无法指望自己的儿女能成为不断成熟的基督徒,所以父母的祷告对真正的家庭幸福至关紧要。早期教会伟大领袖奥古斯丁的一生就充分说明了这一点;他年轻时放荡叛逆,但一直无法忘记他母亲莫妮卡长年为他祷告的事。当他重生之后,马上跑去告诉母亲,他这样记载母亲当时的反应——

　　她欢欣雀跃,极力地赞美你!你所做的,超出了我们的想象。她感人的哀号、涕泣,在我身上竟有意外的收获。你让我如此钟情,使我不想再去寻找女人和世俗的荣华了。她的悲哀已变为浓郁万分的幸福。这个幸福,比起她曾经设想有一天能见到孙子孙女的幸福,更为纯洁、更为可爱。①

　　从此以后,“母亲的代祷”成为基督徒教养子女的典范。奥古斯丁与母亲之间爱的联系,更新了他们原先已有的亲密关系。在莫妮卡去世的前几天,他与母亲一起站在窗前,眺望日落。有一点像使徒保罗描述自己被提到三层天的奥秘经历,当时莫妮卡与奥古斯丁这对母子也因着同样对上

---

① 改译自《忏悔录》,台湾:光启文化,2001 年。——译者注

帝的渴慕,共同经历了这种奥秘。奥古斯丁这样记述——

我们的心神向造物主飞去。我们拾级而上,数尽一切有形之物,苍天及日月星辰照耀大地的据点,也不例外。再上去,听着神奇的颂赞声……我们穿越了自己的灵魂,到达丰富无穷的境界,在那里,你用真理之粮,使以色列得以饱沃。①

五天后,莫妮卡去世了,但他们母子同时"以上帝为乐"的心灵互动经验,永远深刻地存于奥古斯丁的记忆当中。

我正在打这些字句的时候,有一位年轻朋友打电话来,告诉我他与父亲刚刚一起度完愉快的暑假。在此之前,他们父子已经疏远了好几年。他分享自己的心情说:"我们两人一起祷告,主医治了我们彼此的伤害,也让我们对彼此有了新的认识。这对我们两人来说,真的是太奇妙的经历了!"当上帝的爱穿流其间,家人之间的祷告就产生了新的焦点和意义。

在家庭的苦难中合一

我们必须承认,幸福若禁不起苦难的考验,若不能冲破忧伤,那就不是真实的幸福。在《约伯记》里,撒但质疑约伯

———————

① 同前注。

信靠上帝的真实性，因为约伯从来没有受过痛苦。同样地，如果我们的幸福未曾经过苦难的考验，我们也会质疑自己幸福的本质和根据。生活中若毫无苦难，我们很难区分何为享乐的生活、何为幸福的生活。在第 2 章已探讨过"享乐与幸福的差别"，享乐好比老饕享用的美食，而幸福的人却能在素食淡饭中甘之如饴。因此，**"苦难"对真实的幸福并非威胁，它只会对爱享乐的人形成致命的打击。**

真正幸福的人不会让烦恼或逆境来影响他。有一位美国心理学家调查了六百五十九个人，得到了两万一千件日常生活中的恼人事务。接受调查的人当中，有人说这些恼人的事会搅坏自己的快乐心情，但还不至于感觉不幸福。他们把这些恼人之事当作普通小事，因为它们没有长久的影响力，但是当这些小事与家庭生活的压力混杂一块儿时，一些只会对某个家庭产生小小懊恼的事，却可能在另一个家庭中造成长期的不幸福。

对大部分的人来说，如果苦难给他们带来的只有绝望和毫无意义的感受，那苦难就会被他们视为不幸福之因。一旦这种感觉生根，变成一个家庭的特性，就容易造成永久的不幸福。不过，即使在这样的环境下，有些人仍能找到内在的资源，去应付别人不能忍受的苦难。基督徒遇到苦难时的回应方式与世人不同，问题也不在苦难本身的大小，对某些人而言，苦难与打击反而能强化他们的性格以及对上帝的信心，所以保罗在苦难中才会有这样的发现："就是在患难中,也是欢欢喜喜的,因为知道患难生忍耐,忍耐生老练,老练生盼望,盼望不至于羞耻,因为所赐给我们的圣灵,将上帝的爱浇灌在我们心里。"(罗5:3-5)

家庭遭遇苦难的时刻,也正是检视我们自己的时刻,因为这时个人的良善、品格、信心、盼望、爱心、忍耐的心都遭到严峻的考验。比如说,家人自杀,这是家人承担的最大痛苦之一;最近有位朋友与我一起到湖边散步,他告诉我,他那十七岁的儿子就是投入这个湖自杀的,他说自己是"忧伤中的人"。又如离婚,这特别会带给年幼孩子极深的痛苦,远比父母以为的严重。或者是无私地、长期地爱那些悖逆的儿女,这往往带给许多父母锥心之痛。还有生下唐氏症、自闭症或肢体残缺的孩子等等,都会给家庭带来长期的忧伤。

有关家庭幸福的终极考验,可见于保罗说的这一段话:"依着上帝的意思忧愁,就生出没有懊悔的悔改来,以致得救;但世俗的忧愁是叫人死。"(林后7:10)将苦难带到上帝面前,凭着信心交托给他,苦难就会给我们带来富有"创意的效果",那是没有懊悔的。如果在苦难中还不愿信靠上帝,就会落入绝望,以至于死。保罗又说:"你看,你们依着上帝的意思忧愁,从此就生出何等的殷勤、自诉、自恨、恐惧、想念、热心、自责……"(林后7:11)信徒的种种情绪反应,让保罗有了欣慰之情,苦难的副产品带来了"真正的幸福"。

一个家庭的灵魂所能得到的最佳礼物之一,就是"在上帝的同在中坚忍到底",因着苦难而引发的创意效果,去过一个得胜、超越、更新的生活。旧约记载了约瑟受到兄长们的残忍对待,被卖为奴,但多年之后,他却能对哥哥们说出这样的话:"从前你们的意思是要害我,但上帝的意思原是好的,要保全许多人的性命,成就今日的光景。"(创50:20)约瑟完全明白,虽然恶事临到了他,可是上帝能将其扭转,成为美善。

这也正是十字架象征的意义,它彰显了两个极端的联合:第一,以饶恕回应恶行,并透过死亡赐下生命。第二,以爱心面对仇恨。耶稣甘愿钉十字架,并不是天真地否认罪恶的真实性,而是直接向罪恶挑战,并予以摧毁!

因此,十字架是突破家庭各种问题的关键,也是全人类历史的答案。上帝已经借着他儿子耶稣的受苦和受死,为每一个人预备好对付罪恶所需要的一切恩典。所以,人的幸福最终不在于环境,不在于自己的性情,也不在于自己的家庭,而是单单在于上帝。一个家庭若有这样的信心、盼望和在上帝里的爱,这个家庭就会展现出幸福,任何苦难都无法拆散或打垮这个家庭。即使家庭里的每一位成员对苦难的反应和解释不同,但仍然会因着苦难而更加同心合一且坚定,以致情况有所改变和更新。

苦难迫使我们看见,如果没有上帝帮助我们胜过自己天然的反应——苦毒与绝望,我们就会落入无助的深渊。

一旦苦难完成了它最大的转化果效,这时苦难就会变成路易斯形容的"上帝的扩音器"。

苦难不仅将我们的人性推向上帝,也警告我们,除非上帝进入我们的生命,否则我们的生命就是全然虚妄的。以这个层面来思想,苦难就具有正面的特性,它不是人原先可以料想到的结果。苦难驱使我们奔向上帝,他切望将我们的患难转化为胜利的喜乐。

第9章
真为人也

人若未曾思想过上帝的荣光,就永远不能真正认识自己。认识上帝与认识自己是互为关联的。

——加尔文

认识自己会令你敬畏上帝;认识上帝会令你爱上帝。你必须避免对自己、对上帝无知,因为少了敬畏和爱救恩就无法成立。

——明谷的伯尔纳

认识上帝却不知自己处境悲惨会产生骄傲;认识自己悲惨却不认识上帝则只剩下绝望。但我们若认识耶稣基督就能找到平衡点,因为在基督里我们既发现了人类的悲惨,也找到了上帝。

——帕斯卡尔

开场白引用的三则语录,显示了基督教伟大的思想家不断地领悟到,人不能把认识自己与认识上帝分开;这两件事是连在一起的。但可惜,前章已可以看出,现代人的观点并非如此。

在古希腊阿波罗神庙的大门上,刻着"认识你自己",这句话警告那些进入神庙的人,要弄清楚自己在"众神"面前的地位,或许用"知道你是凡人,仅此而已",更能表达那几个字的精神。"众神"是他们衡量万物的尺度,因此这句话是在警告人不可放肆,要有节制。

知道作为人类的"我"到底是谁,这一直是几个世纪以来人类深感困惑、着墨甚多并力求解决的大问题之一。古希腊哲学家苏格拉底把"自我认识"的概念单独抽出来,作为一种自我检视、自我查问、追探自我本性的形式。他的学生柏拉图则认为,"认识自己"是一切知识的本质,但这项工程太浩大了,只有众神之首"宙斯"才能做到。后来的普罗泰戈拉(Protagoras)又进一步说,"人是万事的尺度",这句话成为近代世俗社会的信念。

不过,自从大屠杀之后,犹太人及其他许多族群已经很难接受这个信念了,因为如果用集中营来进行戮杀的纳粹党人可以成为人类的尺度,那么世人就必陷入一片黑暗和绝望中。究竟我们想要知道什么呢?是按动物学给我们归类吗?是想知道人类最终的命运吗?还是要寻找我们人性的精髓?

关键问题是,由于人不是完整的存在,因而再多的自我认识也无法正确地表达完整的人性。动物是处于一种封闭的、受本能驱使的世界,它们在那范围里有属于它们的完整性;但人类却大不相同,在"我"的生命中不但有其他人的存在及影响,而且"我"自己是无法单独存在的,这就表示,人的"意识性"相当于动物的"本能性"。人不是只依照本能行事,也会追随别人、效法别人;人在生活中对别人敞开时,常会出现惊人的接受度(当然也可能因此受骗)。我们不是已经完工的"作品",而是会一直改变的生命,如果不是更有人性、更美善、更属灵,就是变得反其道而行。

大多数人都对死亡怀着恐惧,然而,我们更应该惧怕的是那些让人无法更人性、更美善、更属灵的事。因此,"自我了解"并非只是知道一些事实而已,作为人类的意义,在于我们明白成为一个人的价值何在,所以"认识自己"所牵涉的问题,不仅仅是自我观察、自我描述,它还包含了观察、评断自己的品格。但是我们已经看见,人有多么容易欺骗自己,由于人性已经堕落、对罪恶视若无睹或麻木不仁,因此"认识自己"在事实上是需要有"启示"的,我们必须要从外在的源头来看清自己的真相。

粉碎人的真理

奥康纳(Flannery O'Connor)的《短篇小说集》(The Complete Stories)里有一则故事《启示》,描述一对黑人夫妇特宾先生和特宾太太,以及其他一些病人在一间诊室里等候看病。

特宾太太是非常固执己见的女人,她在没有评估完所遇见的人并在心中给他们定位,然后看见自己高高在上以前,绝不罢休。此时,当她又在对周围每位病人进行评估的时候,她的目光遇上了一双仇视的眼睛,那是一位大概二十岁左右、满脸青春痘的胖女孩,那女孩从正在读的书《人类发展学》(Human Development) 中抬起头来,瞪着特宾太太。特宾太太就对身边的另一位女人说,她以前曾认识一个娇生惯养的女孩,要什么有什么,是个被宠坏、不知感恩的孩子。就在此时,一本书从另一端飞过来打到了她。那年轻女孩声音嘶哑地说:"你这老疣猪,回到你的老家地狱去吧!"医生、护士赶快跑过来,给女孩打了一针,然后用救护车将她带走。特宾太太回到家后,觉得自己心如死水。她躺在床上,脑海中一直浮现着一个影像:自己变成一只脸上长满疣、背脊尖突的猪。她生气地咕哝道:"我不是来自地狱的疣猪!"不久后的一天傍晚,她跑到一个养猪场去,向上帝提出强烈的抗议:"好吧!就叫我猪吧!继续叫我猪!来自地狱的猪!"但她听到的只是自己的阵阵回音。最后她怒不可遏,失去理智地大吼:"你以为你是谁啊?"

此时,夜空开始发亮,有道紫霞像缎带般地从天的这一边延展到天的那一边。她顺着方向看去,突然有了前所未有的一个领悟,故事这样说:

特宾太太看到的那道紫霞，好像一条摇摇摆摆的吊桥，跨越了燃烧的原野，从地球直伸向天空。在吊桥上，有一大群生灵嘈杂地涌向天堂，其中有一伙差劲的白人，生平头一次打扮干净了；另外还有一群黑人，身上穿着白袍。还有一大队疯子和怪人，一面拍手一面叫，像青蛙似的跳跃着，而在这队伍的最后又有一群人，她认出那群人就像自己的丈夫，总是每样东西都拥有一点，而且还很有天分地把每样东西都用得恰到好处。特宾太太俯下身以便看得更仔细些，就发现这群走在最后面、带着尊严姿态的人，一如既往地守秩序、有知识、受尊敬，在所有人中只有这群人可称得上"中规中矩"，不过，从他们震惊和扭曲的表情可以看出，他们拥有的东西，即便是他们所称的"美德"，都正在被原野上的火一一烧除。特宾太太此时放下了双手，紧紧抓住猪栏的边沿，用她狭小的眼睛，一眨都不眨地盯着队伍的前头，看看发生什么事。但就在一瞬间，那景象消失了，只留下她一动不动地站在猪舍旁。

一个过分膨胀、沾沾自喜的自我，是上帝的顽强对手，也是幸福生命的仇敌！自我必须放在正确的位置上，但这怎么做到呢？透过改变想法！而且只有借着"启示"才能改变。特宾太太把她遇见的每个人都纳入自己的评估体系，她要与每一个人比较，以自己来衡量世界，而不是与上帝比较、以上帝来衡量世界。她以为对自己认识颇深，然而一旦面对上帝，她就体认到自己其实是一无所知的人。

伯尔纳提醒说："跨入骄傲的第一步，就是与人比较，然后一步步踏入'自我中心'的生活。"特宾太太会感谢上帝，因为她自认拥有了各种美德，却不是因为上帝赐给了她各样恩赐。所有的东西都被"我"这个"第一主角"给吸进去(盖过去)了。没有任何东西能刺穿她那牢不可破的信念所筑成的世界，直到那个叫玛利亚的胖女孩，用大胆又粗鲁的话暴露了特宾太太的虚假自我，也大大震撼了她的世界。

是否这是上帝的恩典，要借着外表毫不起眼、没有地位的玛利亚来粉碎特宾太太的想法呢？无论如何，这个羞辱她的行动，确实让上帝的启示在她心里动了工。

当上帝"闯入"

真实的事件常常比小说故事更加奇怪，我用两个真实事件来反映上帝"闯入"自我封闭世界的方式。

保罗是位年轻的牙医，因为职务所需，他有机会到世界各地旅行。他诊治过富裕的加拿大人，也曾在发展中国家进行义诊；他可以在一年之内，从北极旅行到南美的亚马逊，以及在多伦多市中心自己的诊所里看病。虽然他的生活多彩多姿，充满有趣的旅游和探险经历，同时又享有财富和个人的理想，但是在内心深处，他始终感觉这一切都是虚空的。

然后他开始做梦，但是每天早上醒来便忘了前夜的梦，于是他开始把记得的片段写下来。其中有一场记忆鲜明的梦是这样的：他看见一个装阿司匹林的大药瓶，瓶上的标签大字是"保证能止痛一阵子"，标签上还有另一行标语是"生命喜乐的良药"。标签还列出了药的成分：酒精、性交、自慰、物质主义、工作狂、寻求刺激、喜欢引人注意、争竞、放纵自己等等。然后，保罗看见自己服下瓶内的每一颗药丸，直到药瓶全空了。

可是他又面对一个难题：如果仍然感觉自我形象低落、缺乏爱、失去把握，以及情绪困扰所造成的痛，接下来该怎么办？他望着空空的瓶子，在极端痛苦之际，他脑中响起了使徒保罗的话："你们既是上帝的选民、圣洁蒙爱的人，就要存怜悯、恩慈、谦虚、温柔、忍耐的心。倘若这人与那人有嫌隙，总要彼此包容、彼此饶恕。主怎样饶恕了你们，你们也要怎样饶恕人。在这一切之外，要存着爱心。爱心就是联络全德的。"(西 3：12 - 14)

基督为人的罪受死所带来的结果，就是我们能有与他一同复活的经历。牙医保罗醒来以后自忖："我好像圣经里那位浪子，浪子回到父亲那里，父亲并没有责备他，而且做儿子的终于明白信靠父亲是怎么回事了。"这是上帝给牙医保罗的启示，也成为他人生中最具意义的转折点——将他从自我转向了上帝。

第二则真人真事，是一位名叫乔治的人，他放弃了原先的医学研究工作,转去从事房地产业,在短短六年之内,他与另两位伙伴打造出一个价值数亿美元的金融王国。但是不久后,灾祸临到,使他们所买下的银行倒闭,房地产价值也重重下跌。结果,乔治失去了一切的财产,连自己的房子都没了,而他那个很理想化却脆弱不堪的信仰,也随之瓦解了。

在绝望中,乔治开始看见自己的真相。他一向非常任性,从小怕混乱、怕嘈杂,这种害怕和厌恶一直追赶着他,导致他总喜欢要掌控一切,以聪明又清楚的头脑去控制身边每一件事物。他总是能准确地预测别人或市场,尤其是料想到对手的行动。

当他因为金融王国倒台、财产如水流逝之后,他不得不面对这个失败,放弃自己的骄傲与上帝面对面的时候,他才第一次清楚地明白,过一个只是自我导向的生活与为上帝而活,这两者有多么巨大的差别。于是,他选择那条走向上帝的路,而不再陷入自我沉醉的牢笼之路。《诗篇》的首篇就描述了这种选择是每一个人都必须面对的:"不从恶人的计谋,不站罪人的道路,不坐亵慢人的座位,惟喜爱耶和华的律法,昼夜思想,这人便为有福。"

"有福"的人就是那些专心于上帝、真诚敬拜上帝的人;行恶的人是不理会上帝的,只想随从自己的计谋和私欲。每一个人都必须为自己作抉择,而且要明白这种抉择是很严肃的事。因为上帝既已为他自己造了人,那么,就像奥古斯丁在《忏悔录》开头所指出的："除非我们的生命转向上帝、单单安息在他里面，否则，我们是永远得不到安息的。"因此，他这样祷告——

我灵魂的屋宇何其窄小，

主啊！请拓宽它，让你可以进入。

当上帝与我们相遇、向我们说话，并且对我们的思想与行为提出警告，又将他自己启示给我们的时候，这样，我们的祷告就得应允了。

活在对上帝的敬畏中

敬畏上帝是我们生命的基本要素，一旦缺乏这项要素，我们就活得不快乐，也无法知道上帝可以给我们的生命带来多大的不同。任何人如果对上帝没有敬畏的心，就会活得像"乞丐"，但实际上我们是可以在大君王的宫殿里做后嗣的。当人能注意到生命的种种奥秘，开始明白生命的伟大和神奇，以至无法用肤浅的话语来解释或简化的时候，敬畏之心就油然而生。

也许我们已经有过与上帝相遇的经历，相信自己听过上帝说话，这些是无法用任何事物来解释的情形。经历过这种震撼的人，会自然而然对那超越一切之上的上帝生出最深的敬畏、最高的赞叹；换句话说，这是跨越了物质世界，看见了属灵的真实。

　　人对上帝尊崇和感恩,对他表现出旧约圣经里说的"敬畏上主"的心,是对上帝临在的一种真实惧怕,夹杂着一种对自己以外有"另一位"的强烈认知。人的罪也会令人在上帝的至善面前不自在,所以敬畏是人类对上帝的自然反应。敬畏能溶化高傲、任性的心灵,代之以对上帝慈爱怜悯的无限感恩。我们对上帝的信心,可以让我们不必企求属世的安全感(包括感到威胁时的某些反应);信心能带领我们舍弃自己以信靠并归属上帝。当敬畏上帝的心进入我们的存在核心时,自然就会成为我们内在生命的至高原则和最大动力,使我们能转向上帝,寻求在他里面的平静安息。

　　有时候,敬畏上帝的经历会全然支配我们,使得人生中其他事物的价值、计划、忧虑和害怕,很自然地就在上帝同在的奇妙中变得黯然失色,然后感受到生命的碎片被逐渐拼接起来,产生一种前所未有的成就感和满足感。一个以上帝为中心的生命,可以在行动上、爱心上、信靠上、渴慕上有更深刻的经历,得到更宽广的收获,如同百川入海一般。同时,这也会将我们与别人的关系提升到一个新层次,使原本害怕接触别人或外界的人,开始敢于参与和深入其他人的生命;接着,其他人生命中的奥秘,或是原本让我们感觉困惑和挫折的特点,如今反过来能丰富我们的认知及内在的生命。我们与上帝、与其他人的关系得到光照之后的改变,就显出基督徒的信仰内涵。这是很多人至今尚未经历过的事。

如果对上帝的敬畏已使我们不再企求自我安全感了，那么，亲近上帝的渴望就会日益增长，把我们从追求自我实现的欲望中释放出来，并且开始发现，属灵生命比世间的名利富贵更为重要。自我舍弃可以带领我们离开自我，走上一条与上帝同行的奇妙旅程。当我们愿意从"我世代"里脱离出来，不再冀望世人给予的称赞和肯定，就能开始学习与上帝同行，不但懂得更认真看待上帝的话语，也更能通过圣经与祷告的亮光和指引，与上帝交通。

这一切都表示，我们内在的生命能够透过对上帝的敬畏而得到滋养，借着亲近他而变得丰富。人既是按上帝的形象样式造的，这就赋予人性尊严一个崭新的意义。以往我们十分看重为自己而活，如今我们的渴望转向更重要的事，就是在信、望、爱中与上帝同行。我们与上帝的关系能够亲密自在，是因为我们认识他，并且在他的爱与属灵友谊中活得真实。而当我们的内在生命比以前更敞开之后，就能产生更新的情感、活泼的信心、和善的态度，能够带给别人祝福和益处，别人也会因着看见我们里面的宁静安息而受到吸引。

当我们与上帝的关系日益深厚，我们的人际关系就跟着进入一种全新的阶段，我们对周遭邻友的需要也会更敏感。除了我们本身的生活在他的引导中显出新貌之外，我们也会发现自己能真心说出安慰人的话，愿与朋友一同受苦,可以帮助别人明辨道理……于是,我们与其他人的关系逐渐加深,甚至让他们也能像我们一样,在基督里得释放、得平安、得自由。这样,我们就是做别人与上帝之间的桥梁。我们若能如此委身,就可以为人的存在开启新的局面,同时也得以体验到上帝同在的喜乐。

惧怕上帝的同在?

本能告诉我们,要小心防范与别人有不好的牵扯。有不少男人喜欢到处拈花惹草,却不愿意真诚委身给对方,怕扯出他不想要的后果。有些女人则是在男人靠得太近时,内心保持一片冰冷。假如在两性关系上,不敢委身是常有的现象,那么又该如何面对委身上帝的事呢? 有很多人一直不能冲破这道信主的障碍,只好继续活在不敢放下自我的恐惧中,还制造了一种假象来自圆其说,那就是:他们自己的成就和别人的称许,已能显出他们的厉害或伟大,所以任何人,包括上帝,若要他们舍弃自我意志、去委身于他人或上帝,就是另一种形式的强暴。

人为什么惧怕让上帝掌管他的生命呢? 有些人是因为经历过被别人操控的痛苦,例如,弗洛伊德的父亲曾性侵自己的儿女,所以他弃绝自己的父亲,而这与他弃绝上帝有着密切的关系。很多人不信上帝,是出于他们对有掌控欲的父母采取报复的心态。弗洛伊德说出了这种弃绝过程的逻辑:"心理分析让我们明白了父亲情结与相信上帝之间的紧密关系。一位有位格的上帝,在心理学上不过是一位被高举的父亲,支持这一论点的依据是,许多年轻人一旦脱离了父亲的权威,就会丢掉原有的信仰。"基督教心理学家维兹则说:"从弗洛伊德的例子来看,我们有理由相信,在今日许多无神论者、不可知论者、怀疑论者的背后,都可能存在他们对父亲怀有的羞耻、失望或愤怒。对许多人来说,不信'天父上帝'是他们能对父亲作出最近似报复的一种反应。"

从某方面来看,无神论者也是一种精神官能症的表现,他们(好像强迫症似的)不愿相信上帝,因为对受过伤害或绝望的人来说,信仰是一种非理性的情绪反应。这也显示了无神论者不容易信任别人,也无法信任上帝。

如果人的内心很难信任别人,那么他就很难信靠上帝、在他里面虔诚。此外,有些人只是选择性地把某些范围交给上帝,而不愿完全信靠交托他,因为前者更加容易。我们应谨记十七世纪日内瓦主教圣方济各·沙雷氏(Francis de Sales)的智慧之言,他在《成圣捷径》(*Introduction to the Devout Life*)卷首写给好友费乐天(Philothea)女士说:

你是一位基督徒,一心向往虔诚……每个人都凭感觉和想象,画出自己以为的虔诚,而非凭庐山真面目。有人守了教条,便自以为虔诚了,但内心却害怕犯戒而怨恨满腹,讥笑嘲讽,自欺欺人。也有另一种人以为多多读经祷告便是虔诚了,但事后却仍大言不惭,无所顾忌。又有一种人,愿意施舍穷人,但不愿意饶恕别人。还有另外一种人,愿意饶恕仇人,却不肯放过欠他债务的人。[1]

我们与上帝之间若有真实的关系,他就会涉入我们生命中的每项需求、每样伤痛之中。迈向上帝并没有一个格式化的路径;他是按我们各人的名字,个别地呼唤我们,他带领每一个人的关系都是独一无二的,就好像量身定做的那样。这也是为什么当人与他建立关系之后,能带给人如此大的安慰和确据,而这是任何人际关系都无法与之相比的亲密关系。他比我们自己的心跳还贴近我们内在的核心,也比我们的存在更靠近我们自己的感受。但他是圣洁的、属灵的存在,所以又是在我们这属世、属肉体之外的,我们不可将他与人类父母的行径混为一谈,好像弗洛伊德那样用神经质的方式来界定超越一切的上帝。上帝是上帝,人是人;他是在我们这些罪人之外的"他者",是全然圣洁、公义的。所以,圣方济各·沙雷氏再次提醒费乐天女士:

真诚活泼的虔诚,必定以上帝之爱为先,因此,虔诚就是真心地爱上帝。

我们要让自己调准"频道",以接收上帝传来的生命与

---

① 改译自《成圣捷径》,慈幼出版,2007 年。——译者注

爱,而不是接收某种抽象的原则或一尊冷漠的雕像。这样我们就会开始明白,认识上帝与认识自己是同一个过程;上帝会引导我们看清自己的真相,然后使我们真正认识自己、认识上帝,并且在他的慈爱里更加虔诚。

信心、顺服与圣经

虽然正确的思想在信仰上有其地位,但真正的信心并不只是倚靠思想;真信心的核心乃是经历上帝,让他占有我们的全人和情感。如此一来,我们不会再像动物一样凭本能反应过活,或是行为上瘾,因为与那高过我们、在我们之外的上帝建立关系,能彻底转变我们的生命、转变我们的各种关系。保罗就是认清了这一点,所以才会说:"我靠着那加给我力量的,凡事都能作。"(腓 4:13)

我们愈将生命降服在上帝面前,就愈能对自己、对别人诚实。这话矛盾吗?我若不专注在自己身上,岂不是注定吃亏吗?事实正好相反!只有当我们放弃专注自己的时候,我们的生活才能更清晰地反映出上帝心意中真正的人是什么样的。我们若把自己交给上帝,也愿意交给别人(对别人的信任和委身),就会开始发现更丰富、更自由的生命。放下自己能使人在上帝里面渐趋成熟,例如下面这首圣诗,就是在表达这样的心灵:

我一生求主管理,愿献身心为活祭。

我光阴全归主用，赞美歌声永不停。

我双手为主做工，因被主慈爱感动。

愿我脚为主走路，步步遵从主吩咐。

愿我一生听主命，放弃己见随主行。

我心成为主宝座，愿你作王我心中。①

"放下自己、舍弃自己，将自己交给上帝"，这并不是说要人从此变得安静被动。做基督徒的意思，乃是积极地凭信心跟随基督，好像早期的门徒那样。做主的门徒是踏上一条活泼、开放、务实的道路。我们共享这种信仰，可以将合一带给多元化的人类，将我们与其他人连结在一起。我们一方面接受其他人的启发、教导，另一方面也会发现，当我们愈靠近耶稣，就愈会发现与同行此路的人有许多共通之处。即使是与我们有历史时空、文化阻隔的信心伟人，我们也可以从他们身上学习宝贵的功课，例如奥古斯丁、伯尔纳、朱利安(Julian of Norwich)、特蕾莎(大德兰)、马丁·路德、约翰·加尔文等人的经历和感受，从他们身上也能了解我们自己内在的惧怕和渴望。

耶稣是所有基督徒共有的属天基业。"基督徒"这个词能给我们强烈的传承意识，让我们知道在动荡不安的短暂世间，可以靠着信仰的根源，牢固地稳住我们的生命。更进

---

① 录自《生命圣诗》。——译者注

一步来讲,这个让我们牢固的根基是要深植在圣经里的,也就是靠上帝的话语;借着读经、吃进他的话,我们得以进入一个令人惊奇的新世界,因为里面充满了真理智慧、祷告颂赞、真实故事和人际关系,在其中更可体会到与上帝越来越亲密的关系(但是对于执意反对上帝的人,这反而是一个封闭的世界)。我们这已经属世的灵魂,若不对准上帝的"频道",就无法明白、感受到圣经那含有转化人心的大能。只有肯花时间在读经上的人,才会熟悉这个充满真理的新世界。

当然,有些人起初只是出于好奇才读圣经的;可是一旦他开始注意上帝之后,也可能超越好奇心而专注在读经的真正目的上。由于圣经能激起人们对上帝的渴慕,激发人们寻求幸福的源头,所以自然会要人放弃自我愚昧和不道德的读经目的,例如想得到特别的能力,或是只为了某种自我享受。中世纪的修道士常常操练"神圣读经法",他们期望所读的内容能令他们的生命产生转变。现代人一样需要用心灵来读经,不要只是挖掘历史事实来满足一下好奇心而已。

圣经是上帝的律法,指导我们要顺服上帝、为他而活。圣经向我们启示了上帝的旨意,我们可以欢喜快乐地接受上帝的旨意。在圣经里也可以发现上帝对我们未见之事的启示,这些启示是我们要以敬畏的心来领受的奥秘。读圣经的时候,我们与前人一样,不能倚靠自己的能力和聪明,而必须谦卑下来,让上帝的灵来教导、指引。先知耶利米已代上帝说出这样的应许："你们寻求我,若专心寻求我,就必寻见。"(耶 29:13)耶稣更直接亲自保证："人若爱我,就必遵守我的道;我父也必爱他。"(约 14:23)这正是我们读圣经的关键所在!

从内心读

天主教学者巴尔塔萨(Hans Urs Von Balthasar)有一次指出,天主教会以前有一个弱点,就是过于注重教会的教导而忽略了圣经。另一方面,新教(更正教)的弱点则是只热衷于明白圣经。我们若要避免这两个极端,就必须像耶稣的母亲马利亚,把听见的道存在心里,这样才能真正生出上帝的道。马利亚的信心是每一位真基督徒的榜样。读圣经的意义,不在乎读了多少,或头脑里明白了多少,而在乎能否得到圣经最初写成时同样的灵,来帮助我们领受所读的内容。若要明白大卫说的话,我们就必须聆听他的心灵;阅读保罗的书信,我们也要寻觅他的心灵;务要试着"聆听"圣经,看上帝透过圣经正在对我们说些什么。

信靠顺服上帝与个人亲身体验圣经,是密不可分的两件事。用顺服的态度读经,是指对圣经各部分一视同仁,而不是只选那些自己喜好的章节来读。因为真正的信心是"我不再信靠自己,为的就是来信靠上帝",这样才能谦卑以至于顺服,两件事相辅相成。谦卑使我们能更有智慧地看清自己,并且学会更坚定地抵挡自己的弱点,而当我们面对自己的软弱时,就会引导我们更加信靠、顺服上帝。

好的文学作品需要好的读者,也能造就出好的读者,以分辨并领受它的出色质量,同样地,圣经的道德价值能够产生具有属灵分辨力的读者,使他们看见圣经有更新生命的能力。不仅如此,"好好读经"还可以扩展我们的能力,去领会圣经的深邃丰富,用不同的眼光看出上帝向"有眼可看,有耳可听"的人所彰显的奇事。当我们把读经与祷告合并进行时,也会产生同样的果效,因为在祷告中,我们的生命可以完全向上帝的话语和意旨敞开,有领受、有回应;祷告就是人打开一条与上帝沟通的管道。

我们是从内心回应上帝,这是圣经强调的重点,"人是看外貌,耶和华是看内心",上帝已特别指明,他要的是人的心回转到他身上。有经文说:"你们寻求我,若专心寻求我,就必寻见。"(耶 29:13)"你们的心要完全归给耶和华我们的上帝。"还有《诗篇》里也有对这个呼吁的回应:"耶和华啊!求你将你的道指教我,我要照你的真理行,求你使我专心敬畏你的名。"(诗 86:11)

心,是人与上帝交会之处,是人类的心智、思考功能的领域,也是感情、意志运作的领域;它代表全人的核心,包括感觉与情绪、心思与灵魂,是我们一切热情和欲望的源头。但它也是欺骗的源头,所以先知耶利米这样问道:"人心比万物都诡诈,坏到极处,谁能识透呢?"(耶 17:9)上帝则回答说:"我耶和华是鉴察人心、试验人肺腑的,要照各人所

行的和他作事的结果报应他。"(耶 17:10)

我们通常不太情愿向上帝敞开心门,让上帝的道进入内心,这早已是圣经作者们十分清楚了解的情况。我们一旦开始明白圣经,就会很快看见从前那些导致自己拒上帝于千里之外的种种障碍,例如逃避真理的光照,还有人际关系的冲突、自我疏离、心里刚硬等等,最严重的是骄傲。人心都有很强的占有欲,想要掌控一切,顽梗地拒绝投降,所以我们常常会挣扎不休,总是不愿将心灵的全部交托上帝。然而很吊诡的是,人只有在降服当中才能真正蒙福。神秘主义作者十架约翰(John of the Cross)曾经如此表达这个真理——

> 若要乐享万物,先求一无所乐。
>
> 若要持拥万物,先求一无所持。
>
> 若要成为万物,先求一无所是。
>
> 若要知晓万物,先求一无所知。

这也就表明保罗为何会说:"但我断不以别的夸口,只夸我们主耶稣基督的十字架。因这十字架,就我而论,世界已经钉在十字架上;就世界而论,我已经钉在十字架上。"(加 6:14)

维多利亚时代的女诗人罗塞蒂(Christian Rossetti)在力图胜过世界、情欲和魔鬼的同时,内心不断地与保罗这番话辛苦较力。她曾用一首诗来表达自己是如何忧伤、疲倦、酸痛，但看到了耶稣承受的苦难后，她才发现自己的苦楚简直是微不足道。不过，就在此时，魔鬼来引诱她并与她争辩——

魔鬼说："你将得到荣耀！"

"主耶稣啊！求你遮我眼目，不让我注视空中的虚荣。"

魔鬼又说："你将得到知识！"

"我如尘土沙粒那样无助。主啊，我唯有信靠你！智慧公义的主，求你替我答辩。"

魔鬼再说："你将得到能力！"

"退到我后面去吧！那救赎我灵、从不丢弃我的主啊！请用你的话语来保守我。"

我们向基督效忠的秘诀，就是不断地聆听上帝的话。耶稣出来公开传道之前，在旷野受魔鬼试探就证明了这一点。他借着倚靠上帝的话去抵挡试探。在旧约《申命记》中，上帝对以色列人发出一个呼召：《示玛篇》(Shema) 这个词的意思是"听"，直到如今，世界各地虔诚的犹太人仍然每天诵读《示玛篇》，"以色列啊！你要听：耶和华我们上帝是独一的主。你要尽心、尽性、尽力爱耶和华你的上帝。"(申 6:4－5) 所罗门极有智慧地祈求上帝："所以求你赐我智慧，可以判断你的民，能辨别是非……"(王上 3:9) 这项要求人聆听上帝话语的呼召,不断在圣经里出现。耶稣在受审时,更是直接告诉彼拉多:"凡属真理的人,就听我的话。"(约 18:37)

我们听音乐时,会让音乐包围我们,将我们带入音乐的氛围里,同样,当我们全心信靠上帝的时候,我们更会专注地聆听上帝,感激且用心地、心甘情愿地聆听(但这种聆听还涉及未来这一维度)。《雅歌》中有这样的话:"我身睡卧,我心却醒。"(歌 5:2)带着期待聆听,盼望未来有一天,基督再临世界。聆听上帝说话,好像爱情一样,有其本身自然存在的心意,代表一个人是甘心乐意为对方舍弃自己、放下一切,愿意努力不打盹地持续聆听、顺服、爱慕上帝。

心灵柔和

整全的基督徒生活,是降服耶稣基督的柔和生活,而且是在基督耶稣里复活、有新生命的生活。这是什么时候发生的呢? 就是在人认识到需要耶稣作自己人生旅途上的良朋密友和救赎主的时候发生的! 由于我们每个人都是独特的,也是无法真正了解自己的,好像一个谜,而只有上帝能看透、解开这个谜,因为他完完全全了解我们是谁。

因为这个缘故,我们将自我认识、自我意义,以及为了自身利益而拼命紧抓的事物交给上帝,一旦完全降服于上帝,我们就会开始明白使徒保罗所说的"在基督里"的意思了。这听起来很玄吗? 其实不然,因为这是指基督远比我们的生命、事业、关系和身份更加重要。当我们重新调整自己，将生命转离自己并转向上帝的时候，就发现自己正开始面对着喜乐、幸福，在基督里有平安。同时，我们也会成为"真正的人"，因为我们已触到了生命的"原初"（希腊文的 *authentikos* 一词是原初之意），而任何回归到"原初"的人，都能得到在基督里的真正人格。

回归原初，我们便有能力过圣洁的生活；我们若安息在上帝的爱中、寻求他的旨意、与上帝的生命联合，我们自然就会领受、效法他的圣洁，以至于成为圣洁。但若还是只想倚靠自己的能力，那么生活绝对不可能臻于完美。我们若追求在思想上、态度上纯洁，自然也会在祷告上成长，因为与上帝的友谊成为我们最关切的事。我们若不断地寻求上帝，得以安息在与上帝的交通里，并乐意用关怀、安慰、医治、鼓励来服事人，就会有勇于超越自己的生活动力。

我们与上帝的灵交，可以在我们里面产生新的生命质量。我们在敬拜中仰望上帝，可以让我们无论身处顺境还是逆境，都懂得凡事谢恩。在这个过程中，我们能学会沉静；"沉静"是灵魂的花园，在其中，时间、空间都献给主，为了与主同在，也是为了明白真理。一旦从上帝那里得到崭新的视野，我们便能轻而易举地让自己的心从狭窄变为宽广，然后又在认识上帝的事情上得到更宽广的收获，得着秘诀，可以从上帝的角度来看待生命与世事，不再老是受环境影响和局限，而且日后在面对各样挫折时更能忍耐。

脱离了日常范围,可以让人站在比较高的视野来观察我们的人生,正如夜空繁星必须远离城市的灯光、爬上漆黑的山顶才能看得清楚,是一样的道理。人唯有从自我抽离,才能有清晰的观察与洞见。

"柔和"是让内在生命持久的环境。耶稣说:"我心里柔和谦卑。"温柔是顺服和倾听所结的果子;如果人拒绝倾听,"暴力"就会盘踞他的灵魂,活在压力和执拗之中;不管别人的事,凭己意而为(损及他人的利益),讨厌听到可能搅乱自己计划或行程的事。但当我倾听时,我就变得柔和,肯给别人时间空间,肯尝试将别人的意愿也放进我们的计划中。我恩慈待人,好让对方也能坦诚地做自己(表明想法和感觉)。这就是学习柔和谦卑了。

柔和的心灵能让人超越自我的利益,容易让人看见新事与新观点,更能听见上帝的"微声",这是喧闹躁动的性格难以听到的声音。因此,"柔和"成为一条倾听别人,以及独处安静聆听上帝的一条特殊路径。温柔同时也是我们在服侍时的重要记号,正如芬乃伦(Francois Fénelon)的祷告:"我的上帝啊!温柔是你的工作,也是你交给我的工作。"以及像彼得说的,真正内在的自己是"存着长久温柔、安静的心为妆饰,这在上帝面前是极宝贵的"(彼前 3:4)。温柔是属灵成长和整全的主要特征,我们应该好好认真地培养。

当然,世上也有不真诚的虚假温柔。检验温柔的真假,端看它是否深植于上帝的爱,这与人对上帝的信心有着不可分割的连结。信靠上帝能让我们对别人温柔,不再拼命将自己的计划、意志强加于别人身上。在古希腊文里,"无惧的信任"是 *parrhesia*,这词是由两个词组合而成的,一是 *pan*,意为"所有";一是 *rhe*,是"说话"一词的词根。因此,这个词就表达了"全盘说出来的信任和勇敢"。既然万事都已在上帝面前敞开、无所逃避,所以人实在无需隐藏,也不必担心敞开一定会受伤害。这就是初代基督徒能够放胆无惧宣讲福音的态度,《希伯来书》的作者表达了基督徒的这种自信:"所以我们只管坦然无惧地来到施恩的宝座前,为要得怜恤、蒙恩惠,作随时的帮助。"(来 4:16)新约还有一段经文是:"我们的心若不责备我们,就可以向上帝坦然无惧了。并且我们一切所求的,就从他得着;因为我们遵守他的命令,行他所喜悦的事。"(约一 3:21-22)这是指,如果我们能在上帝面前活得坦然无惧,那么对于我们所求的,他就会给我们成就。

这种神圣的勇敢无惧,很奇妙地可以使我们的心灵变得更柔和,因为靠着圣灵的内住与引导,我们可以不必靠自己力搏死拼,更无需带着侵略性指使他人,或焦虑不安地行事。不惧怕信任上帝,这表示我们不必汲汲营营于生活,并明白自己的价值是在基督里,而不是别人看我们表现所给的肯定。心里柔和谦卑,这表示我们到底不是无"家"可归或孤苦无依的人,因为有圣父、圣子、圣灵的同在与陪伴,就使我们在柔和的心灵环境中享受到幸福喜乐的生活。

芬乃伦如此论述基督徒的温柔：

无论在多小的事上，不要放过任何对人温柔的机会。不论做任何事，都不可倚靠你自己的努力；要单单倚靠上帝的帮助，然后安息在他的看护中。只要你勤奋做工，温柔地善尽本分，就可信靠他必成就对你最有益处的事。我说"要温柔"，这是因为紧张力搏对我们的心脏和工作都有害处，那不是真勤奋，而是过度卖力，心情急躁。

不久，我们将会进入永恒，那时我们就会明白，某些事情是否完成，已经无足轻重了；但现在，我们却忙得不可开交，好像这些事攸关重大。我们小的时候，常常忙着搜集一些破瓦片、小树枝、黑黏土，用来盖房子、做小东西；如果有人把它撞翻了，我们便哭得肝肠寸断！但现在我们已了解到，这些东西其实算不了什么。有一天我们在天上更会发现，我们在地上紧抓不放的东西，不过是童年喜好的一些小玩意罢了。

我并不是说不必在乎生活中的一些小玩意和微不足道的细节，而是因为上帝要我们在世上有所操练。我只希望我们在关心这些事情的时候，不要那么紧张、那么慌乱。我们既然是小孩，就玩小孩的游戏吧！但不要把它们看得太过认真。如果有人破坏了我们的小房子，或是小计划，不必太沮丧，因为当夜幕低垂的时候，我们都必须进到屋子里（我指的是死亡），那时，所有的小房子都一无用处了，因为我们将进入天父的家。在你做的一切事上要忠心,但必须记住,最重要的乃是你的救恩,以及透过真正的敬虔来完成这救恩。

第10章
真正的幸福人生

依我的看法，至福就是拥有我们认为美善的一切事物，凡是美善渴求的东西一概不缺。真正有福的是上帝本身。无论我们认为他应该是什么样子，那纯净的生命，那难以言喻、无法测度的善，就是至福。他纯然可爱，在无限的福乐中，欢欣不绝，永不改变。

——尼撒的格列高利

我们在第 1 章里看见，人如何借着明白自己的个性类别而更多了解自己，从自己的强迫性特质来观察自己，也从内在生命中最脆弱的部分看见自己。然后，我用了一些

238

真人真事的例子来说明不同的个性类型,从他们表露内心的想法、感觉和挣扎,也能让我们看见自己。人人都渴望变得幸福,甚至是超过自己想象的幸福。因此,这一章就要来看,如何能拥有使徒保罗借《以弗所书》3:20 所说的"超过我们所求所想的"经历。

上帝的本质在于他是有位格的。其他任何宗教都没能传达这一真理。所以上帝能与人建立关系,会主动接触我们并改变我们的性情。而当我们看见自己的老旧个性正在改变时,这便是在转化中的幸福。基督曾经来到这个世界,又为我们的缘故付了死亡的赎价,然后显明复活的生命,此后再借着圣灵,住在我们里面最深的层次,教导我们活得像他的形象和样式。这就意味着,我们在许多方面像上帝,但在某些方面仍然不像他,也没有他那样"完全"。由于上帝是灵,是"圣"的,这就提醒了人,不要把自己的身份地位与他独一至高的身份混为一谈。我们仍然是罪人,而他是圣洁的上帝。不过,既然他是"灵",当然就能够进入人的灵里,所以说他比任何人间的朋友与我们更亲密。

基督教信仰教导我们,我的整个人性本质都需要基督的救赎。早期教会的一位作家大马士革的圣约翰(John of Damascus)说:"若我人性中有丝毫东西,是道成肉身的基督没有披戴的,那他就不能救赎我。"我们相信,耶稣基督实实在在地取了人的样式——全然为人。然而,他却没有陷入有罪之人的强迫行为、防卫机制以及所有罪污和欺骗。

耶稣就是那幸福的生命

耶稣基督在世上的生活，实现了真正幸福的生活，即合乎上帝心意的生活；如果以耶稣属人性方面的品格，与世上种种人格特性作比较，就可以验证这一点。我在第 1 章论述过，完美主义的人会因为难以控制的渴望而追求完美，但同时又想避免显露怒气；但耶稣不同，耶稣看见不公义和罪恶的事情会大发怒气，而且他所指明出来的完美就是"舍下自己，完全交给上帝，遵行上帝的旨意"。人类的完美主义者会论断别人、拒绝别人，但耶稣却是公开地接纳周围的人（特别是那些被别人论断和歧视的人）。完美主义者容易焦虑不安，担心事情出错；但耶稣却说："不要为生命忧虑吃什么，喝什么，为身体忧虑穿什么。"（太 6:25）耶稣所讲的完美，与完美主义者的强迫性自我完美，形成了鲜明的对照。

施予型的人愿意像耶稣一样甘愿地服事别人。但是这类性格的人往往指望从别人得到称赞和肯定，而耶稣施予的方式并非如此，他乃是对众人大有仁慈，在帮助人的同时也给人空间，让人做自己、保留自己的特质。

表现型的人就像施予者一样，很能认同及接受耶稣要门徒与他同工的呼召。不过，耶稣不是要人单单为了做工而做工，他乃是说"跟随我"，这就意味着呼召人归向他本身。所以这是呼召人与他建立长久的关系，而不是呼召人变成工作狂、去追求某种成就感。追求成就的人总是担心失败,而耶稣的一生若以人的标准来看,好像是一种失败:三十年之久,他埋没在一个不显眼的乡村里,虽有短短三年的公开事工,但大部分看见他、听见他的人都误解了他所做的事、所说的话。表现者也渴望权力,可是耶稣在旷野面对试探时,三次拒绝了权力的诱惑,甚至在最后也放弃自己的权能,甘心让世人把自己钉在十字架上,说:"父啊! 我将我的灵魂交在你手里。"(路 23:46)

浪漫型的人很容易被耶稣吸引,因为耶稣对他们来说似乎是位颇具魅力的人。但不同的是,浪漫型的人害怕自己的平凡无奇,而耶稣却很平凡,当时绝大多数人都认不出他就是所盼望的弥赛亚,甚至连他的家人都看不出他的特别。浪漫型的人总是因为一些不真实的梦想而受苦,但是耶稣的受苦并不是因为他有什么不真实的想法,而是为了拯救全人类的缘故。

旁观型的人喜爱为知识而知识,但是耶稣反对这种态度,而且他还不断地与当时的宗教及律法权威发生冲突。旁观者的问题是:对别人的需要视而不见,保持一段距离以策安全。因此,当那些宗教专家和律法学者批评耶稣不该在安息日治病、接纳被社会遗弃的人,以及其他此类违反律法的细节,就是出于同样的旁观心态。而耶稣不但不同意他们那种做法,还用故事来比喻讲解某些深奥的真理,让有心察看、有心聆听的平民百姓可以明白,更重要的是耶稣用自己的生命行出了真理。

负责型的人会展现极大的忠诚,但也会对别人要求很高;他们喜欢生活有条不紊,讨厌似是而非的道理或不清不楚的事情,更讨厌难解的谜题。那些同意把耶稣钉在十字架上的人就是这样的人,因为他们痛恨耶稣对众人显出怜悯,他们认为耶稣威胁到他们原本充满律法主义的宗教,所以他们的自义不过是在掩盖自己对"失序"的恐惧,以免在面对那些个人的、亲密的事情时变得手足无措,没有安全感。保罗后来会致力于抗拒这种"叫人死的仪文字句",就是为了传达那赐人生命的圣灵才是叫人活;并不是经由律法,而是出于上帝的大爱和恩典,才能使人被上帝转变更新。这也是为什么那些严守律条的人要用石头打死一位在行淫时被抓的妇人时,耶稣却愿意赦免她的道理。

乐天型的人爱享受欢乐。而耶稣也会享受生活,甚至还有人批评他是"税吏和罪人的朋友",例如一次参加婚宴时,喜酒用尽了,他便行了一个神迹,把水变成酒,好让宾客尽欢。作耶稣的门徒的记号之一,就是有极大的喜乐,但是乐天型的人背后的动力却是惧怕,不想面对与处理痛苦。然而,耶稣从不逃避麻烦,更不会对别人的病痛和忧伤袖手旁观;他总是医治生病的人,安慰伤心的人,严肃地正视人类的景况,也警告门徒会有逼迫、苦难和审判等在前面。耶稣从来没有像乐天型的人那样躲在"问题"的背后,他反而是适当地运用机智——就像在讲比喻的时候。他也警告门徒要面临将来的逼迫、患难和审判。像耶稣如此务实的性格,可以平衡乐观里面的肤浅。

强人型的人会以强硬的姿态面对艰难或暴力,因为他们很害怕示弱。而耶稣生命的秘诀却是全然顺服天父,这种谦卑不是软弱无力,反倒是绝对的坚忍刚强。强人型的优点之一是抗拒不公义的事,可以从外在展现自己的强势;耶稣也曾经当面指责不公义和腐败的事,例如把兑换银钱的商人赶出圣殿;他更用强烈的言辞指责那些虚伪的文士、法利赛人,形容他们是"粉饰的坟墓"、"瞎眼领路的",甚至是"毒蛇的种类"。耶稣在面对不公义、不诚实的事情上,是绝不妥协的,可是他内心里并不是一位"强人"。强人型的人往往会被自己的不安、侵略性或自信心控制住,但耶稣却说,他赐给门徒平安,而且这种平安是世人不能明白、世界也无法给予的平安。

最后,协调型的人,他们通常都很有耐性。耶稣也鼓励人要忍耐等待上帝的应许,因为上帝的旨意终必成就,只是何时成就由他决定。协调型的人其实很害怕冲突,也很缺乏自信,或容易懒惰;然而,自信、殷勤却是耶稣的跟随者应有的装备,这样才能打一场美好的信心之仗。

上帝的幸福处方

有些人可能反对被归入某一种人格特质类型。其他很多人则比较认同所看过的一些类型,并不会感到被冒犯,只是在谈到关于自己个性特质或优缺点的时候,难免有些不自在。无论如何我们都要明白，一个人的独特性只能靠上帝来界定、维持，因为我们是按照他的形象样式造的。

我们无法单独界定自己的独特性，因为我们若不是骄傲地说，"感谢上帝，我不是你!"就是说，"我好可怜，又孤单，连最该了解我的人都不了解我。"于是我们就在这两种对自我独特性的极端看法中间摇摆。我们没有能力接纳、管理自己独特的尊严与人格，第 1 章描述的防卫性和成瘾的行为，也说明了我们管理自己的错误方式。我们似乎还未认清自己的本质，还不能真实地表达出自己的本质，所以就无法在别人面前体现真正的自己。

上帝在我们生命中做转化更新的工作，就是要让我们做个"真正的人"，而且在我们越来越像耶稣基督时，就能自然地与别人建立起真正的关系。基督徒生命有此一大吊诡——越多舍弃自己、放下自己并交托上帝，我们就能变得越真实、越独特。这与那些被世俗理想主义洗脑而失去个人身份认同的人，是完全相反的情形。基督绝不是要拆毁我们这个人，而是要使我们的特质更新调整得平衡而有深度。

关于我们的真我，在耶稣论说"八福"的内容里刻画得尤其深刻。每一种福气都以"有福"一词来表达，它也可以译为"幸福"。耶稣指明了，当我们放弃一般人以为的求福良方，舍弃自己，并且把自己交给上帝的时候，真正的幸福就临到我们了："虚心的人有福了，因为天国是他们的;哀恸的人有福了,因为他们必得安慰;温柔的人有福了,因为他们必承受地土;饥渴慕义的人有福了,因为他们必得饱足;怜恤人的人有福了,因为他们必蒙怜恤;清心的人有福了,因为他们必得见上帝;使人和睦的人有福了,因为他们必称为上帝的儿子;为义受逼迫的人有福了,因为天国是他们的。"(太 5:3－10)

　　这些福气并没有暗示人可以除掉自我,反而是让人的尊严在上帝里得到成全。耶稣描述的这种幸福生命,只会越长越美好、越真实、越满足。真正幸福的生命有如大河奔流不息,其中的丰富资源能带给自己和别人以力量和希望。《诗篇》的作者讲到上帝赐予的丰富时,这样形容:"他们必因你殿里的肥甘得以饱足,你也必叫他们喝你乐河的水。"(诗 36:8)

　　这种生命也具有永恒的特质,所以保罗说:"每逢为你们众人祈求的时候,常是欢欢喜喜地祈求。我深信那在你们心里动了善工的,必成全这工,直到耶稣基督的日子。"(腓 1:4,6)难怪《诗篇》的一位作者会这样总结说:"有耶和华为他们的上帝,这百姓便为有福。"(诗 144:15)

　　耶稣所说的八福,为人类指出了一条幸福的途径——我们可以在自己生命中经历那使自己改变的幸福。不过,他所赐的八福绝对不是新的十诫,规定人必须努力遵行;八福其实是在表达我们福祉的来源。八福是反世俗文化潮流的,因为它要更正、挑战人理解幸福的方式,它对付的是人的各种自我防卫和弱点；它不单单是美丽的诗句，它更责备人、纠正人，召唤人脱离老我旧有的生活方式。

只要进一步反思，我们就会看到八福里的每一福都是针对先前论到的各种人格类型弱点，它不只是针对各种人格类型，也应许了上帝的恩典，那就是"救我们脱离自我"。接下来就逐项探讨这八福。

虚心的人有福了

完美主义型的人需要知道耶稣是"虚心的"。我们可能会夸耀自己如何追求完美，但耶稣只是谦卑，而且他也呼召我们要谦卑地跟随他。当我们来到自己美德的尽头，并体会到自己内在的贫乏时，才会开始经历生命中的"天国"，活在上帝的治理之下。如果我们想在现今世代重新发现耶稣的生命，就必须贫穷且赤裸、真实地来到他的面前，努力效法他的生命。除非我们能看见耶稣的贫穷所蕴含的深奥属灵真义，否则我们就别指望可以进入真正的幸福。

贫穷总是意味着软弱、羞辱、受欺压和毫无改善的希望。贫穷使人不得不面对自己生命全部的真相。而"灵里贫穷"的人，就是那些认清自己内心无助的人，他们承认自己像《万古磐石》这首著名圣诗中所描述的状态：

两手空空到主前，只有紧依十架边；

赤身求主赐衣服，无依靠望主恩助；

污秽奔至活泉旁,求主洗我免灭亡。

八福的第一福,就给世人投下一枚震撼弹,因为它毫不客气地指出,真正的幸福是保留给小孩子和贫穷人的。它不给超级巨星,不给超人,不给只想实现自我的人,也不给追求成功的人。它抵触了世俗文化的一切假设:人能认识自我,只要拉着鞋带就能把自己提起来。这第一福是要破除我们一切属世的幻觉和偶像崇拜,好来面对个人的根本需要。耶稣"本来富足,却为你们成了贫穷"(林后 8:9),这是耶稣的生活方式。他是乡村木匠的儿子,而且从穷人、受鄙视的人当中挑选门徒。他与门徒共享一个钱囊,也让那日后出卖他的犹大为他保管钱囊。世上恐怕没有其他方式比这种方式更能显出人的骄傲是多么荒谬了。

阿西西的方济各也像耶稣一样,活出了这种福分。他追随耶稣的脚踪,甘心做贫穷人,好让他能以穷人的身份去接近穷人,随时帮助周围有需要的人。他毫无占有欲,这使他一无所惧,无欲则守正;他不怕损失,因为他根本没什么可损失的,没有名声,没有财物,就没有让他舍不下的东西。

但是,贫穷本身并非目的,而是为了能亲密地分享在基督里喜乐的方法。贫穷能挪走任何阻碍人与上帝之关系的事物,也是增加对周遭敏感度的方法,好让我们能对那些遭遇痛苦艰难的人感同身受。贫穷也可以将我们那渴望拥有、渴望成就的本能从"宝座上"拉下来,取而代之的是强烈的群体意识——我们与其他人共同生活在一起。塞拉诺的托马斯(Thomas of Celano)在他写的《圣方济各的生平》中描述,那些与圣方济各同住的弟兄们真是"渴望相聚,因他们在一起时多么快乐,分开时多么痛苦,离别时又多么忧伤"。正因为贫穷带来的超脱,释放了他们的心灵,让他们真实亲近地彼此相爱,并且享受万物。圣方济各的门徒托德(Jacopone da Tod)这样赞叹:

> 贫穷啊! 至深的智慧,
> 无一物能奴役你,在超脱中,你已拥有万物。
> 渴望拥有的人,自己竟被占据,
> 出卖自己,给他爱慕的事物。
> 上帝不会住进窄小禁锢的心灵!
> 爱有多丰盈,心就有多宽阔;
> 贫穷这宽阔的心灵啊,
> 有空处迎来上帝的进住。

除非"灵里贫穷",否则我们永远没有空间接受基督的进入;除非"灵里贫穷",否则我们永远看不出上帝的恩赐是何等地丰富。瓦尼埃(Georges Vanier)被选上担任加拿大总督时,深深觉得自己的才智不足以担负此一重大责任,便写信给一位朋友,他坦言自承:"我觉得只有在自己的软弱中,我才能够荣耀上帝。"是的,只有软弱无力、灵里贫穷的时候，我们才能经历上帝那排山倒海般的能力和丰富。

哀恸的人有福了

如果说，第一福违反了世俗的人之常情，那第二福就更是如此了，因为没有人会自然地把哀恸与幸福联想在一起，哀恸绝对是任何人都避之唯恐不及的。不过，这里的哀恸是从属灵上说的。我们首先要为自己的罪、为自己带给世界的负面影响而哀恸。如果我们拒绝承认自己于周遭世界的堕落中有份，我们就永远无法成为其他人的祝福，因为骄傲拦阻了我们得到上帝的饶恕、怜悯，也拦阻了我们将恩典传给其他人。

属灵的哀恸，可以增强灵里贫穷的感受。这一类的哀恸是指意识到自己住在一个堕落的世界里，而里面的人们都过着孤单或破碎的生活。坦白面对自己不堪的真相，不虚伪，也不粉饰缺失，为自己生命忧伤、哀恸的心，能治愈我们的肤浅，好让我们作更多省思。

属于人格特质类型中的施予型的人，由于容易落入骄傲的陷阱，相信自己有足够的资源分享给别人，所以尤其要从"哀恸的人有福了"多多学习。因为灵里的哀恸既然是切身感受到困苦和损失，所以哀恸就会剥除人的自我满足，以至于能在同等地位上与贫困者作伴、联合，而不在心里存着高人一等的想法。耶稣降世为人、取了人的身份地位，就显示出纡尊降贵、俯就卑微者的慈爱。耶稣曾在地上有过最深的哀恸，在我们的苦难中与我们一同受苦。

生了病的人，要赶快在一开始发现时就去医治，这也是耶稣面对人堕落的光景时所做的事。他深入贫穷、病痛、困苦人当中，与他们一起生活，亲眼看见罪的龌龊，看见人背叛上帝，以及人对周遭苦难所表现的冷漠。他完全了解人类一切悲苦叹息的来源，他为这一切忧伤哀恸。

哀恸能使人无法再把世界上饿死的几百万人当作冷冰冰的统计数字，而是把他们视为独特的人，看他们也是上帝所爱的人，基督也是为他们而死的。这种哀恸会使我们愿意伸手救援，与穷苦人站在一起。

哀恸也能使人明白地球正面临的危险，只要再过一个世代，地球生物圈受到的破坏就无法再修补了。人类种族的存亡绝续，全系于此，倘若人们至此还没有哀恸之心，那未来的世代又怎能指望蒙福，以及使地球因他们而蒙福呢？

哀恸更能粉碎人的幻觉，可以暴露出自我满足的盲目，而且能帮助人看到苦难确实是人生的一部分。不过，哀恸也有它黑暗的一面，有可能导致人陷入苦毒、绝望之中。如果哀恸能带领我们意识到自己在这个人类大家庭里的地位，意识到我们真是需要上帝的爱，那么，哀恸就带来了幸福。而只有将哀恸带到耶稣基督里面，它才能够转化为最后的喜乐。耶稣这样论说门徒的哀恸："你们现在也是忧愁，但我要再见你们，你们的心就喜乐了。这喜乐也没有人能夺去。到那日，你们什么也就不问我了。我实实在在地告诉你们：你们若向父求什么，他必因我的名赐给你们。向来你们没有奉我的名求什么，如今你们求就必得着，叫你们的喜乐可以满足。"(约 16:22－24)

倘若我们只注视自己，就看不见我们起初认识上帝时所经历的丰富喜乐。我们在困苦中亲近他，就学会了为需要的一切祈求他并得着他，这既是我们今生必须经历的过程，也是我们将来的盼望。

哀恸也会除掉自怜，事实上，自怜可能是另一种形式微妙的骄傲。哀恸可以清除人的自怜自艾，让人不再对生命真相存着盲目、幼稚的心态。哀恸也可治愈沮丧、挫败感，让人不再视这种心情为严重问题。哀恸还会帮助我们不再以牢笼形式看待事情，而能以宽广长远的角度来看；若从上帝的俯视来看一切，则更将完全不同了！

透过灵里的贫穷，我们开始逐渐领会生命的实况，以及我们自己内在的真相。这一场哀恸的课，纠正我们错误的期待，让我们不再肤浅地把所有的事物压缩进一个由自己掌控的简单世界里。

温柔的人有福了

现在你是否看出来，八福好像是入山的级级台阶，最后要将我们带到基督的宝座前。每一级台阶都是带我们向上、向前，好让我们活在上帝的光中，持续地被他更新改变。开始时,是先学习"灵里贫穷"的功课,以敞开并看清自己和其他人的罪性;然后就会导致我们为自己的真实景况忧伤哀恸。接下来,我们要进一步反思"温柔谦卑"的必要性。

耶稣这句话是特别针对表现型(实践型)的人说的。表现型的人容易落入的陷阱,就是不断地采取主动,以表现自己很有本事、很有才华。但耶稣向我们启示的是:他甘愿成为仆人、谦卑至死,以顺服上帝的旨意。而这就将表现型的人从此癖好中释放出来。

温柔谦卑不是软弱的象征,反而是稳健刚强的展现。真正的谦卑是"体认到上帝比我更能妥善管理我的生命",调整自己的生命朝向上帝,这样,我们才能越来越了解他、甘心顺服他。有人说八福(beatitudes)的特点就是"态度正确"(be-attitudes)。我的身份正是在于我的存有,明白我"是"什么远比我"做"什么更重要,明白"我在基督里"远比"我在自我里"更重要。如今我们已能重新诠释自己的生命,知道这生命乃是源于上帝,而非一连串的自我成就。然而,很多人往往要在破碎(经历彻底的失败、灾祸的苦难)之后才能看到这一点。或许,只有经过羞辱的人,才找得到真正的谦卑。

当人进入"荒漠",终于单独与上帝同在、开始进入上帝的心意时,谦卑自然会慢慢地在人里面成长。不过,这种情况与世人独处、孤立的灵魂不能混为一谈,因为这种单独乃是刻意留空间给上帝。我们都要在上帝面前操练静默，如同耶稣的母亲马利亚一样，"把这一切的事存在心里，反复思想。"（路 2:19）

克里马库斯（John Climacus）指出："谦卑与顺服是并驾齐驱的。"因此，谦卑是人与上帝之间关系的印记。《以赛亚书》里有一段上帝说的话："我所看顾的，就是虚心痛悔、因我话而战兢的人。"（赛 66:2）的确，谦卑就是学习在上帝话语的光中认识自己。克里马库斯说得好：

真正认识自己的人，绝不会被骗去抓取自己界线以外的东西；他的脚会稳健地踏在谦卑这条蒙福的道路上。

饥渴慕义的人有福了

对浪漫型（艺术型）的人，耶稣的提醒是：要渴望信靠上帝的话而活，不要只是困在自己的小小世界里。耶稣帮助人渴慕义，而非浪漫地去渴慕一些不切实际的东西。浪漫型的人唯有走出自己的一方天地、不孤芳自赏，才能与上帝建立美好的关系，避免此人格特质里的弱点或陷阱。

人越向上帝敞开，自我意志就越微小，对他的渴望也越增长。"渴望"与"理性"向来不是志同道合的好伙伴，因为理性想控制世界，而渴望却意识到生命的宽广，感受到无法掌握的真实生命，所以说，当自我意志消减的时候就是对上帝的渴望增长的时候。这种渴望会引领人脱离自私、罪恶，将以往的自我关注和幻想都抛诸身后,而愿意过一个合乎上帝旨意的生活。《诗篇》里就有这种经验的回响:"上帝啊！我的心切慕你,如鹿切慕溪水;我的心渴想上帝,就是永生上帝。我几时得朝见上帝呢?"(诗 42:1-2)

　　或许就是在属灵历程的这个阶段,我们开始渴望——出于对上帝的爱——以灵修的方式阅读圣经。在这个阶段,我们也可能受到一些经典名著的启发,才知道原来有许多认真追求上帝的人都有类似的经历。我们不妨读一读阿西西的方济各年轻时的探索,伊格纳修(Ignatius of Loyola)在信主初期的追寻,或是约翰·班扬、约翰·卫斯理的苦苦追求,……然后,我们必会发现自己也伫立于敬畏之中,惊叹于人类灵魂对上帝的渴望竟是如此无垠无涯!如同十架约翰所表达的深邃渴望:

> 啊,光炬明灯,在你荣耀之中,
> 那深藏的感知功能,曾是朦胧盲目的,
> 如今散发玲珑罕见的光晕,向着我亲爱的良人。
> 你何等柔和、可亲,在我心中苏醒过来,
> 你独自居住我心严密之处,
> 以甜美的气息,充满美善、尊荣,
> 你用温柔的爱,满溢我的心灵。

　　我们对上帝的渴望,应该如何付诸行动呢? 首先,要每

天提醒自己：上帝会供应我一切生活所需。这是指每天用圣经喂养自己。圣经已告诉我们关于上帝的义，这义就是以正确的态度来与他建立正确的关系。我们必须让圣经引导和指正生活，让圣经的权威成为我们与上帝之间关系的标准，就好像格林威治的经纬线一样，它能帮助航海人知道自己身在海中何处，否则一旦失去了它，心中没有上帝话语的权柄指引，我们的生活和情感就非常容易迷失在汪洋大海中，飘流不定，无法安息。

伟大的灵修作家盖恩夫人（Jeanne Guyon）曾谈及"经历耶稣基督的深度"。要做到这一点，我们必须先除去各种自私的欲望，代之以对上帝的渴慕，这是在我们开始"祷读"（一边读经一边默想祷告）的时候发生的。在与基督面对面的相遇之中，我们能知道以往其实是靠自己的本能去讨他的欢喜，而不是先让他的爱进入我们心里，使得我们自然而然地用他所赐予的爱去爱他，然后再向他求得更多的爱致使我们更爱他。一旦发生这种情形，我们就开始享受他自己、享受他的内住了。此时，会有一种全新的平静安稳进入我们里面，我们也不必多做什么来表现自己。这就好比一对恋人，享受那静默之中的手牵手交流。

当这种单纯、沉静进入我们的心灵，我们便能学会以信心祷告，开始懂得注重信靠，而不是头脑的理性。当然，也可能偶发心灵干涸期，来试验那影响我们与上帝之间关系的究竟是信心或是感觉。当我们的生命被上帝改变时，我们就会经历到那越来越深的渴慕,渴望着快快进入上帝的心意,并且与他亲密交流。这样的饥渴慕义乃是登高迈向上帝的另一级台阶。

怜恤人的人有福了

对于旁观型的人,耶稣提醒他们要有怜恤的心,因为耶稣对人充满了怜悯。旁观型的人对很多抽象的知识有一种难以满足的欲望,容易活在淡漠的世界里,站在边上,不太与别人作深度互动。我们要知道,最能让我们与同样堕落的人建立关系的媒介,就是怜恤。耶稣有一次说,爱上帝最多的人可以从上帝领受最多的怜悯。我们本身若经历过耶稣的怜悯,自然也会怜恤别人,而不会冷漠地避开。

我们往上迈向耶稣的每一步,也是往前寻找其他人的另一步;每一次我们领悟到上帝的爱,就成为我们爱其他人的新动力。个人的灵命,只有通过我们与人交往才能不断长进。从上帝领受怜悯的意思是:这怜悯必会从我们身上满溢出来,好像杯子满了就外溢一样。因此,我们周围的人便能从我们与上帝的爱中得益处,借我得恩福。

今日,人人皆知"职业化"意味着什么,而且常常在工作上争做专家,但可悲的是,少有人能够在自己的专业上显出"怜恤"(体贴),而让周遭人受了不少亏损。很多专家或技术人员容易陷入一个陷阱:只会讲究在生活上做个有效率的人,却缺乏顾念人、怜恤人的一面。凡是具有前面四福的人，都会对周围的人流露怜恤的情感。

多年前，我在饱受别人的打击、伤害之下，深深相信我自己里面有隐而未现的罪，所以我用《诗篇》的话向上帝哀求："上帝啊！求你按你的慈爱怜恤我，按你丰盛的慈悲涂抹我的过犯。"（诗51:1）我反复思想这节经文，让它的真理深刻地透入我心。

"怜恤"这个词传达了什么呢？岂不是上帝对我怀着最亲密温柔的感情吗？那是不是像母亲怀胎的感觉？上帝对我怀着这样的温柔吗？他的爱是否恒久不息？即使别人以诡诈待我，他依然可以信靠吗？如果答案为"是"，那么，今生还有什么比这更宝贵的呢？我们还有什么伤悲过不去呢？

这就是他向我们显明怜恤的方式，好让我们能转而怜恤他人。有圣灵住在其中的生命，真是何等地宝贵又幸福！威尔士的牧师钟马田（Martyn Lloyd-Jones）在他的《登山宝训》中写道："我们不应该企图控制基督信仰，而应该是基督信仰掌管我们。我本当受真理的管治，因为我已经透过内住于心的圣灵所做的工，成为基督的门徒了。"

保罗则是这样表达："现在活着的，不再是我，乃是基督在我里面活着。"（加2:20）没错，这种全新的生活态度可以在我们里面展开！这个新生命越来越表明我们仰赖上帝的恩赐，而越来越少地倚靠自己徒然的努力。在上帝里面重生的人，他原先受之于父母的属世生命及性情"被抛到身后"就成为可能的事了。

我们能有多少怜恤呢？我们对上帝的怜悯又体会了多少呢？耶稣论到饶恕说："你们饶恕人的过犯,你们的天父也必饶恕你们的过犯。"(太 6∶14)这不是像人与人之间谈条件的规则,好像上帝也与我们讨价还价说："你先饶恕了人,我才要饶恕你。"不过,这倒是可以当作一项证据,证明上帝的饶恕是多么有力地指导了我们的行为。

八福中的每一福都是上帝的祝福在先,然后,这祝福在我们身上产生的效果就接踵而至。人的生命会显露出上帝有没有祝福的证据。是上帝先对我们有饶恕、有怜恤,然后我们才能向其他人生出饶恕、怜悯。这个顺序绝对不会倒过来! 是上帝先赐予恩典、改变了我们的生命,然后,我们才能成为施予者,将上帝的恩典再分享给其他人。

人与上帝的交通,能让人与人之间生出同理心、仁慈心、亲善的态度,以及怜恤同情,这些都是从生命泉涌而出的情感,好像绿洲上的溪流一样,滋养着土地。我们若有怜恤之情,乃是因为基督的怜恤已改变了我们的心。

清心的人有福了

对于负责型的人,耶稣提醒他们要清心。有时,负责型的人会谨慎过头,甚至会躲在别人后面,不喜欢暴露自己做的事,也不敢于认识自己的内在生命。然而,只有"清心"的人能够"看见"上帝,因为他们能深切感受到自己已经被上帝接纳了,如此便勇于透明地活着,而不需藏身于某个"安全堡垒"之中或"责任面具"之后。

　　《诗篇》中有一节遥相呼应着耶稣所说的这一福："上帝啊！求你为我造清洁的心,使我里面重新有正直的灵。"(诗51:10)我们的灵若无法与上帝的灵相通,就别指望从他那里得着什么。有趣的是,耶稣在论及这一福的时候,把焦点转回人的内心。前文已提到过,心是人类一切情感、思想和意志力的枢纽,这就表示人从上帝得到祝福后,会影响到人格的核心,会彻头彻尾地被改变。但这不是说人可以选择多要一点情感、少要一点理性,而是指着全人都为上帝而活。如果有人天生重感觉,那么他可以在被上帝改变之后生出更多的思想理性;如果有人天生重理性,那么他可以在上帝里面渐生情感。

　　当上帝进入人的生命核心时,人就会明白生命中一切议题都是由心来决定。人的软弱、罪恶和难题都是从不正、不洁、自欺的心引发的。因此,领受一颗"清心",就表示洁净的心唯独上帝能赐予;心清了,人就无法再欺骗自己,只能在上帝面前做专心一意的人,将生命焦点只集中于他的目标上。

　　这个"清"还有一层意思,即:心被洗清洁了。心灵纯净就能敬虔,也就能彰显上帝的圣洁,这样人才能"看见"上帝。这正是人面临的选择:要寻找自我？还是要看见上帝？

　　我们如何看见上帝呢？在旧约里,摩西求见上帝,但上帝回答说:"人见我的面,不能存活。"(出33:20)摩西其实已经"看见"了上帝，只不过是看见一部分而已;除非上帝"倒空自己"，如同"道成肉身"所显示的样式，好让人类可以看见他的存在，否则人的肉眼是无法看见他的(就好比人无法直视太阳)。上帝乃是亲自向摩西宣告他的名，说:"耶和华，耶和华，是有怜悯、有恩典的上帝，不轻易发怒，并有丰盛的慈爱和诚实。"(出 34:6)这是当上帝"经过"摩西身边的时候，摩西所听见的话。

我们应当学着按上帝的属性去认识他，然后这个认识就会反映在我们心里;我们应当按着启示，而不是自己的凭空想象，去认知上帝的真相。这样，我们就会有一个证据，那就是，我们的心灵产生了改变。使徒约翰论及这种改变时说道:"我们知道，主若显现，我们必要像他。因为必得见他的真体。"他又说:"凡向他有这指望的，就洁净自己，像他洁净一样。……凡犯罪的，是未曾看见他，也未曾认识他。"(约— 3:2-3,6)

人的心若翻腾不息，动机复杂，又隐藏愤怒、骄傲、惧怕，就不可能看见上帝，更不可能明白上帝的性情。祁克果说:"清心就是立志做一件事，即单单渴慕上帝。"祁克果将心比喻为海洋，因为海洋的深度能决定它的纯度，而纯度又能决定它的透明度。我们的心灵若有深度，表面的风浪就不会影响它的纯净。有深度和透明度的心灵，就是单单寻求上帝的心灵。

使人和睦的人有福了

我们只有把焦点一再地放在个人内在的灵命上，然后我们才能真正转向外在的人际关系。上帝的儿女应该都被称为"使人和睦的人"。

这一福，是特别给乐观型的人的提醒。乐观型的人，生活比较肤浅，不敢面对痛苦，也不敢深入体会这不完美的世界带来的种种困惑与伤害。但是耶稣是我们的和平之君，他赐下的一切都不是这个世界所能给的，我们只有在他赐下的平安、喜乐和满足中得到整全的生命；他已赐给了我们能力，可以为基督的缘故接受伤痛和苦难。

因为耶稣，人得以来到真正幸福的生命顶峰。这生命可反映出一种全新的与自己相处的方式，以及在众人面前行事为人的态度。如果说"清心"可以产生诚信，那么"使人和睦的人"则可获致生命的整全和健康。

意大利诗人但丁在遭到放逐、被迫离开佛罗伦萨的家乡时，决定从意大利步行到巴黎，以寻求生命的真义。有一天深夜，他需要找个过夜的地方，便驻足在一个方济各会修道院的门前。开门的修士问他："你需要什么？"他只简短地回答："平安。"事实上，这个需求就是需要一个新的、安稳的生命基础。做上帝儿女的意义即在于此。

世上有太多人都缺乏平安，这种事实已反映在我们生活中的各个领域及层面，例如：对自己的性别没有把握，缺乏父母足够的关心和照顾,充满伤痛或困惑,害怕信任和亲密,行事三心二意,受到各种情绪的束缚……这些内心的空虚感、恐惧感、不安感投射到外面,就产生了种种不正常的关系和行为,也导致社会中有解决不完的困扰和更多的不安。

有一位年轻人告诉我,他是如何被招募去担任南非警察的事。他渴望成为"和平的使者",但在他十八岁时,却从未准备好面对即将临到他的各种恐怖事件。有天晚上,他与几位警察一起待在某个黑人城镇里,竟突然发现置身于一个因仇恨而引起的暴动中。他们躲入一个小茅屋,由他站岗防守时,他惊恐万分,感觉好像有上千双凶恶的眼睛正瞪着他,使他心中升起一股想杀人的念头,便开始朝着黑夜开枪。天亮了,可怕的现实显露出来,他在夜里射出的子弹扫到了许多人,那些永远无法挽回的生命,多年来一直使他背负着极大的罪恶感。这样,他怎么可能成为"使人和睦的人"? 爱与恨怎么可能如此靠近地存在于同一颗跳动的心里呢?

这位年轻人目前正在慢慢地学习进入上帝的饶恕和安息,只有上帝才能释放他。"我留下平安给你们,我将我的平安赐给你们;我所赐的,不像世人所赐的,你们心里不要忧愁,也不要胆怯。"(约 14:27)耶稣在给门徒最后的一个教训中留下了这个典范,从某方面来说,也是反映了他的一生。

为义受逼迫的人有福了

直接从使人和睦之福跳到为义受逼迫之福，似乎有点奇怪，不过，基督徒积极的生活方式与世俗的生活方式确实是大异其趣，同时也难免令其他人感到某种威胁。但这是耶稣的经历，也是罗马帝国早期基督徒的经历。在这个以权力代替关系、以肉欲代替真爱、以魔法代替上帝权能的世界里，我们若要表达作为真正人类的真理，就不免要奋力一搏了，因为在善与恶的不绝争斗之中，受苦已是无可避免的现实。

对于强人型的人，耶稣应许他们在受逼迫、面对罪恶暴力的时候，会赐下圣灵帮助他们。当强者陷入害怕和示弱的陷阱中，或是面对逼迫者的嘲弄时，会使他们的人性受到最严苛的考验。但是那位忍受辱骂又"像羊羔被牵到宰杀之地"（赛 53：7）的耶稣，能够在他们软弱时给予其刚强起来的力量。

现在，从八福来看我们原先在上帝面前、在基督里面以及透过内住的圣灵而有的"存在态度"，我们与每一福之间的关系，究竟是屹立不摇还是一蹶不振呢？八福可以检验我们个人的生命是否正直，并且测试我们对真正幸福的诠释为何。

第11章
渴慕上帝

什么是成熟？至少对我而言，成熟似乎取决于发现一个人的幸福与外在环境彼此并非绝对相关。与我们想的不同，幸福很少取决于环境因素，而主要取决于个人的选择和习惯。对我而言，成熟也能给予深沉的忧伤和绝望以空间和表达，像是用它们做必要的压舱石，却又不至于承载太多，免得把船压沉了。

——莫妮卡·福朗

我们年轻时总是以为，只要把生活的外在环境弄好了，自然就会幸福；这就如同把享乐连结到幸福是一样的事。

本书前面的篇章已论到,这种想法实在大错特错。走过人生大半,我们才会开始了解,忧伤、失望常埋藏于生命的表层之下,如果哪天这些深埋的情绪一起浮出表面,就足以摧毁我们。但所幸它们通常是逐渐地分别临到,而且对某些人临到得快,对某些人临到得慢。

人在成年后的生活模式,以及他对生活的解释,往往会受到童年经验的影响。例如一位女士的经历,她在七岁时母亲去世,从此她就觉得自己的生命像悬在蜘蛛网上一样脆弱;直到如今,她中年了,才开始明白生命真是上帝赐给她的礼物,喜乐也开始从她心里慢慢升起,不幸的童年已经在上帝的慈爱中得到医治,生命也有了信靠和确据。

渴盼之深

或许,人生当中有个基本的律(也是个吊诡的律),即:一个人的情感受到创伤愈深,日后产生的喜乐就愈清纯。路易斯十岁丧母,他曾这样描述:"母亲一死,我生活中一切的幸福、平静、稳妥也随之消失了。虽然还有诸般的快乐、阵阵的喜悦,却没有从前的安全感了。"然而,当路易斯长大后,只因为三次简单的经历,就定下了他余生的喜乐形式。

他在自传《惊喜之旅》(Surprised by Joy)里描述过这些经历。第一次是发生在一个夏日,当他站在一丛花朵盛开的红醋栗旁时,他说:"我很难找到足够强烈的字眼来形容当时袭向我的感觉,或许,弥尔顿用'伊甸之巨大至乐'这个词句略为接近。这一定是种渴望的感觉,但是,渴望什么呢? 在我知道自己渴望的是什么之前,那种渴望的感觉就离去了。那一瞬间过去之后,整个世界又回复到寻常,好像只不过被刚刚突发的渴望给搅动过一下罢了。整个感触历时只是眨眼之间,但从某方面来说,已经足够让其他曾经发生在我身上的事变得微不足道了。第二次品尝那种惊喜感的时刻,是在我阅读童话《松鼠纳特金的故事》(*Squirrel Nutkin*)的过程中,尽管我也喜爱波特(Beatrix Potter)的所有著作。有一种'秋天情结'困扰了我。说某人特别痴迷于某个具体的季节——这听起来让人浮想联翩。可对我而言,这是一种强烈渴盼的感觉——像过去某刻曾经瞥见的一样。此种渴盼不同于平日生活的感觉,甚至不同于普通的快乐;而是现在人们所说的'另一层境界的喜乐'。第三次惊喜时刻来自阅读诗歌的时候。我早已十分钟情于朗费罗的《欧拉夫王传奇》(*Saga of King Olaf*),喜爱它以浅显易懂的方式叙述故事,喜爱它强烈的节奏。但突然有一天,我体验到一种截然不同于过往的一种欢愉,恰如某个声音从天际传来。那天,我在随意翻阅一本书,发现了朗费罗用无韵诗体翻译的瑞典诗人泰格奈尔(Tegner)的诗作《挽歌》(*Drapa*)。于是我认真读起来:

我听见一个声音

喊叫:

美丽的伯德神

死了,死了——

　　我对北欧神话中的伯德神一无所知,但刹那间,我似乎被高高举起,进入北方的广袤天空。我以几乎病态的强烈渴盼,盼望体会从未被人提及过的那种情愫(当然不是寒冷、广阔、苍白、辽远种种感觉)。但是,正如以上两次惊喜之旅,我发现,正当我渴望的那一瞬间,那种渴望的感觉却消逝了。我多么盼望找回那种感觉啊!"

　　讲完三次经历后,路易斯告诉读者:"如果觉得这三次事件没意思,你就不需要再继续读这本书了,因为在某种意义上,我一生的核心故事非此莫属。这三次经历的共同特质是,有一种未满足的渴望从我里面油然而生,而这种渴望本身比任何其他的满足更令我向往。我称之为喜乐。"然后他开始分辨,这种喜乐与享乐、幸福的分别。虽然这三者都让人有一再想要拥有的特性,但路易斯表示,这种喜乐也可被形容为"属于特殊种类的不幸或忧伤"。

渴盼与实现

　　从路易斯追求喜乐的心理,我们可以看见他母亲去世后留下的空洞,在他童年时没有被填满,甚至终其一生都没有被填满,因为父亲完全无法替代母亲的爱;父亲自己活在丧偶的忧伤中,一直无法与两个儿子建立亲密的关系,即使为了一件小事责备孩子，也要引用西塞罗（Cicero）、柏克（Burke）那样伟大的演说家的言辞，好像在进行议会辩论似的。即使在路易斯成年以后，他们的父子关系仍然是疏远的，一直没有修复。

结果是，童年的那三次经历在路易斯的一生中占有举足轻重的地位。那些经历使他感觉到一种说不出的渴盼，在青少年到青年期间，他把这种心中的空洞解释为"北方"的可悲觉知，因为"北方"在他看来是"寒冷、空旷、严峻、惨白和辽远的"。这种情形一直到他成为基督徒才有了改变，对此他深感惊喜。

后来在写《返璞归真》这本书时，他告诉人们在看待自己的渴望时容易犯下两种错误：一种是"愚昧人的看法"，总是责怪自己渴望的事物，这种人终生都在想，只要试着去找另外一个女人，只要去度个假，只要去做什么事……他这回就一定能捕捉到什么好东西了。另一种是"自幻想中醒悟过来的明理人的看法"，发现自己的渴望不过是妄想，他渴盼的是他永远得不到的东西，因此就把想望的事压抑下来。

第二种看法正是路易斯曾有过的。他年轻时下了一个结论说，人对上帝的信仰完全是一种幻想。直到他慢慢地从相信世上有一位冷漠无情的神，再到后来相信基督信仰中那位有情的、有位格的上帝，他才发现原来上帝不仅仅存在，而且还愿意与人建立亲密的关系，与人同行，又住在人的心里。他终于明白，原来他一切的渴望都与人类需要上

帝直接相关,而不仅仅限于对母爱的渴望或童年时期的一些强烈需要。他认为:

如果人的渴望不可能得到满足,那么,受造者就不可能会带着渴望出生。婴儿觉得饿,是因为先有食物存在;小鸭想游泳,也显然有水这个东西存在;人会有性欲,就表示一定有性这件事实存在。因此,如果我发现自己竟有一个这世界不能满足的渴望,那最可能的解释就是,我这个人是为了另外一个世界被造出来的。

这并不是上帝存在的证明,但有点像一个赌注:用人的生命打赌上帝是存在的。如果我们把上帝抛诸脑后,从来不花时间好好思想为何自己的渴盼总是得不到满足,那么人就太愚不可及了。十七世纪的数学家和哲学家帕斯卡尔说:"人可以分成三类,一类是寻求上帝且寻见他的人,这些人通情达理,而且幸福快乐;第二类是寻求上帝但尚未寻见的人,这些人也能通情达理,但是不幸福;第三类是完全不寻求上帝的人,这些人既不可能通情达理,自然也就不幸福。"

渴望,它在每个人心里是一股强大的力量,不单是因为人们彼此需要,更是因为人们需要上帝。"你为自己创造了我,我的心除非安息于你,否则永不得安宁。"这是奥古斯丁向上帝表达他的渴望和不安。在《忏悔录》第十卷里,奥古斯丁问遍天上、地下所有的受造之物,想找到满足,而他们一律都回答说:"我们不是上帝,你到超过我们以外的地方去找吧!"他又问宇宙关于上帝的事,宇宙回答说:"我不是他;不过,他造了我。"然后,奥古斯丁开始思考人的记忆,发现记忆的范围何其广大无限,充满了对幸福与渴求的盼望,却也同时充满了恐惧和忧伤,"我的上帝啊,记忆的威力何等浩大、何等可畏,它有深远无穷的繁复性,而这竟是人的心智能力,竟是我自己!"奥古斯丁意识到,他对上帝的渴慕原本就属于他受造的一部分。

《传道书》的作者指出:"上帝造万物,各按其时成为美好,又将永生安置在世人心里。然而,上帝从始至终的作为,人不能参透。我知道世人,莫强如终身喜乐行善。"(传3:11－12)人人心里都有一个上帝所设计的"空洞",而且这个洞只有上帝自己才能填满它。这也是历史上如帕斯卡尔、奥古斯丁和《传道书》作者等许许多多具有伟大心智的人所共有的信息。

有近代心理学家说,激发人内在渴望的潜意识就是上帝的另一个名字。然而,对基督徒来说,纵使是上帝先把渴望摆在了人里面,但若我们因此就将上帝与人内在的渴望意识混为一谈,却是极其严重的错谬!不过,这种说词至少表示:心理学家已慢慢明白,人的潜意识里有各种不安和无穷的渴望,可能是上帝所赐、所导引的。

人的渴望有如两刃的刀,能敦促人投入上帝的怀抱,但也能让人投入罪恶的魔掌。有很多人低估了自己对上帝的渴望,而以低下的代替品为满足,例如廉价的偶像崇拜、工作上的成就感、拜金主义、性满足、食物享受、社会地位等等,然而,这些根本满足不了人心底的空虚大洞,因为这就好像不断朝海浪抛出小石头想填满太平洋一样,结果就如奥古斯丁所形容的,大海的回答也同样是:"我不是上帝,我也是受造的。"

唯上帝能填满的空洞

人心底最深处的渴望,唯有在寻求上帝与永生的时候才能得到满足。要证明这一点,我们必须采取两个重要步骤,第一,愿意承认,我们内心有一种天然渴望,是指向一位真能满足我们这种渴望的对象;第二,愿意承认,我们对上帝的渴慕与我们对受造物的渴望是截然不同的。

广告商给人们洗脑,要人相信很多东西是生活中不可缺少的,例如"很正"的香水、"很有品味"的衣着发型、"很有时尚感"的饰品和鞋子等,结果就让人的心底渴望最后沦为一件件琐事,贬低了我们作为人的价值。我们实在太容易被流行的暗示引诱、被社会世俗的想法操控、被其他人看我们的念头驱使了……使我们原先对属灵实际的崇高渴望变成对消费主义、物质主义的追求。

但有些渴望确实是回应了人类的价值,例如渴望友谊,或是渴望给别人幸福(人类天性会意识到其他人的需要)。

渴望并非飘浮不定的,它不是阳光下的尘埃,也不附着于任何东西;它乃是反映了附着于人性上诸多价值的总合,换句话说,渴望与人类的本性切身相关。

我们已经看到,路易斯比大部分作家更清楚地认识到上帝所启发的渴望、人以上帝为渴望的对象是多么独特的一件事。他在《天路回程》(*The Pilgrim's Regress*)这本书里论到对上帝强烈渴望的经历,与其他的渴望有着两方面的差异:

首先,虽然那种需求的感觉很尖锐,甚至有些痛苦,但是那需求本身却又让人感觉到喜悦;这种饥渴好过任何其他的饱足,这种贫穷好过任何其他的富有。第二个差异是,这种渴望的对象带有特殊的神秘性,其他每一个假设的对象都不足与之相比。对我而言,这就像有个人殷勤地顺着这个渴望去追求错误的对象,然后有一天,这些对象的虚假显露出来,他就毅然决然地丢弃了它们。他一定是恍然大悟,终于明白了人的灵魂是受造来享受某一位特殊的对象,而这对象,在我们现今受主观和时空限制的经验模式里,是绝对无法全然得到,甚至无法凭想象得到的。

在人心中的宝殿,有一个只有上帝才能坐的宝座。在许多情形下,这个内心的隐形空位会以任何看得见的形式呈现出来。有人说过这样一件事:一位垂死者,要求别人拉张椅子放在他的床边，因为他觉得耶稣整夜都坐在他身旁；而当他临终时，他的一只手呈现出一种情景，仿佛身旁有位看不见的朋友在握着他的手，因为他的手不但伸出了床外，而且还安放在椅子上。

没有上帝在身旁的空虚心灵，是令人不安和悲惨的缘由。帕斯卡尔比喻道："谁会比一位'被废掉的国王'更为自己不能身为国王而伤心呢？"人原来是有视力、能看见事物的，所以一旦失去视力必定非常伤心，这不是稀奇的事。帕斯卡尔提到像这种遭遇不幸的例子，其实也证明了人之所以不凡的原因："这是一位伟大国王的悲哀，是废位国王的悲惨，反映在我们这些按照上帝形象受造的人类的尊严上。"人类的光景真是吊诡，所以他说："人的伟大，正因为自知悲惨；树木可不会知道自己多么悲惨。所以，'自知悲惨'固然很悲惨，但这同时又是个记号，可以显出人类身份的不凡。"

人类的尊严也来自思考能力，得以在众人中间享受自己的一席之地。不过，人的尊严最主要是因为上帝给予这种地位和渴望，所以人才能享受他、寻求他的尊重和友谊。这个信念乃是暗示：我们拥有的是天命而非宿命！也就是说，人不是机遇与宿命的受害者，相反，在自身独特命运的属灵剧本里，人是主动参与其中的。人类同时具有高升与堕落的特质：既在宇宙万物中领受独特尊贵的地位，却又是有罪的。人的罪就在于企图窃取上帝荣耀的位置，想自己做上帝，做一些篡夺创造主地位的事。

这就是为什么耶稣要成为神—人，来到地上为人类的罪付上赎价，并拯救人脱离罪恶。人若没有看见真正的美善、慈爱等人性的至高表现，就不能有真正的高升与尊严，这样一来，在现代世界里，人不是陷入共产主义的虚假理想，就是落入世俗绝望当中。人也不可能只因自己是被爱的就高升为有位格的存在。基督信仰的独特性，在于人能够在上帝里面找到盼望，并且能回应他的爱，单单安息在他的爱里，以他为终极幸福的唯一源头。

当人问自己或精神科医生"我是谁"的时候，最容易感受到上帝在自己里面塑造的"空洞"。这是动物从来不会问的问题和感受到的心灵状态。人类可以坦诚面对生命，深刻意识到自己的不完全，这与动物界靠本能行动的封闭世界形成了高低等之对比。所以"我是谁"这个问题既显露出人的尊严，也显露出人的愚昧。我们应当紧紧抓住那些能提供我们生命意义、帮助我们认知这一问题的象征，而不能靠情感上的各种影像，无论它们是在孩童时期形成的，还是在情感发展遇到危机时被强化的。

心，是我们内在生命的标记，这标记是圣经采用的。人的生命被雕塑时，一切改变的焦点都集中于心。心对人的快乐或不快乐有最直接的影响。每个人从他生命的一开始，就受到另一个人的心的影响；母亲的心脏在胎儿生命中不断地跳动，一分钟六十下，一小时三千六百下，一天八万六千四百下,整个怀孕期约两千四百万下。母亲不在的时候,护士们会在新生儿的枕头下放闹钟来代替。希伯来词 *rechem* 的意思是"上帝的怜悯",即是引用子宫的喻象,因其字面意思为"子宫",这就告诉我们:上帝与他的子民之间有这种保抱怜恤的关系。

从圣经里可以看见,心是人内在的有力象征,它会喜乐或忧伤、骄傲或谦卑,也是所有欲望的原发地。"整全的心"可显示出诚信正直的操守,而一个人基本的品格,无论好坏,都是从心里发出的。心被视为人的情感、意志,也被视为思想、心智,所以"倾听的心"指向"理解的头脑"。《诗篇》和旧约的先知们在使用有关心的词语中提到,人若要恢复自己与上帝的关系,必须"洗净我们的心",好像换心手术一样;新约则说上帝的爱经由圣灵浇灌"在我们的心里",如今因为属于基督,他就将我们的新身份写在"我们的心上"。

现今大家都公认,精神压力会影响心脏。心脏是否健康与情绪状态有连带关系,这就提示了一件事实:我们需要与其他人有健康的关系,而且最重要的是与上帝有健康的关系。"你幸福吗?"这个问题归根到底,就是在问:"在上帝面前,你的内在生命如何?"也就是说,既然上帝为他自己造了我们,我们与他的关系究竟如何呢? 心是一位伟大的老师,可以指示人回到上帝那里,只有他才是真幸福的源头。我们不妨用"聆听你的心"来彼此劝勉吧。

对喜乐和幸福的渴望,深植在人类灵魂里,而且深过对享乐的追求。虽然有人误以为"潜意识"本身是智慧的、美好的，几乎与上帝不分上下，但是这也可能成为一个"走向上帝"路径的指标。

上帝已在每一颗心里塑造了"空洞"，这就显明了（或者说暗示了）永恒的存在。

在正确的地方寻找幸福

人类的处境相当危险，好像走在钢索上，这一端是无穷的欲望，另一端则是身体的逐渐衰老。虽然这令我们深感挫折、饱受疾苦，但这也能使我们正确地定位自己。近代有否认死亡的文化倾向，这是很不智的，因为人人皆知，老去、死去都是逃不掉的事实。我们若忘记人类的尊严也是很荒谬的，这就好比前苏联总统戈尔巴乔夫所说的："想压抑人类对信仰的需求，未免也太天真了。"人之所以有渴望、有追求幸福快乐的心，也是避免人忽略生活的真实意义。世上有各式各样的宗教信仰张开双手欢迎人的加入，因此，人们更需要有明智的认知与抉择，避免把肉体的享乐误认为就是幸福快乐。

剧作家伊丽莎白·古吉（Elizabeth Goudge）在她的自传序言里，把自己成年后对玫瑰的浪漫喜爱，与儿时见到白雪的喜悦作了比较："如今，我欣赏玫瑰胜于白雪。但起初并不是这样的，我小时候与其他孩子及狗儿一起玩时，总认为下雪是世界一大奇观，因为雪花无声地飘下，雪地的反光让屋子充满了奇幻感,当太阳升起后,晴空下的平原、山岭、树木都闪闪发光。我想起在雪地里玩的游戏,滑雪橇、滚雪球、堆雪人,这一切都让我自觉身在极乐之中。在记忆深处,茫茫白雪中的每一粒晶体,即使微小得肉眼看不清,但它们的结构却美得像一朵花、一颗星。雪,岂不是世界一大奇观吗?"如果当我们像孩子般喜爱奇幻,又有温暖的房子可以随时躲入御寒,那么,雪确实令人感觉是世界奇观,只要我们无需负责铲雪,也不用了解暴风雪带来的经济损失等等。但是长大后,我们也许会比较欣赏玫瑰,尤其是喜欢园艺的人,或是从爱人手中得到一束玫瑰的时候。每一种幸福都各有其适合的园地。

美学的特性是:学会欣赏每件事物本身! 古吉呼吁人们要了解一个事实:

欣赏万事万物,本是合情合理的。
你见过未经粗手碰过的出水白莲吗?
你见过悄然飘下未经泥土弄污的白雪吗?
你摸过海狸的皮毛、天鹅的羽绒吗?
你闻过蔷薇的花苞、火中的甘松吗?
你尝过蜜蜂的蜜囊吗?

我们看过、摸过、闻过、尝过这世界的美吗? 如果幸福在我们面前敞开了如此辽阔的灵魂深穴,我们岂不更能体

会到上帝的伟大和奥秘吗？连一般书刊杂志都知道，要获
得幸福快乐，就必须采取一些适当的步骤：

- 要与其他人建立亲近的关系。幸福所共有的处境中
  最重要的一项，就是爱的关系，所以要投入时间培养
  友情。
- 要培养能持久、交往频繁的关系，而不是以关系的强
  度为目标。有些关系可能有特别快乐的时刻，但并
  不表示那种关系能持久；稳健持久的关系反而可维
  系长久、增加快乐的质量。所以我们要在人际关系
  上忠心持续地下工夫。
- 行善就是为别人的福祉着想。这可以解除自私和
  与人竞争的压力，因为知道与人建立关系比自私地
  在社会上飞黄腾达更重要。这可以增强一个人正
  直诚信、有价值的感觉，也会产生与人和睦相处的
  气氛。
- 在情感上对别人有兴趣。有证据显示，人与人交往
  时若不投注感情，若不对周遭的世界有兴趣，他是不
  会幸福的。我们投资在别人的生命上，比投资在自
  我独立隔离的生命上更幸福。
- 试着按适当的比例来看待事情，这会让我们有空间
  余力去顾念别人，让我们有仁慈待人的心、有同情
  心，能帮助我们与人合宜相处。这样我们就容易与

悲伤的人同哭，与快乐的人同乐。

- 保持心灵健康的方法，是广泛阅读、反省生命、操练心智。栽培心灵园地。把我们每一个层面向上帝敞开，以他为人生的至善至美。

以上这些劝告，每一项都带有一些智慧。我们还需要在上帝里面挖掘多深才能找到幸福呢？这答案早已经清楚地表明在新约里了，当耶稣基督成为我们"情感和心智的焦点"时，我们的生命基本上就已经是喜乐的生命了。在古希腊文学里，喜乐指的是"众神祇"的喜悦，只有他们能主宰喜乐。然而在新约里，喜乐是基督徒生命中的基本要素，它在每一方面都是毋庸置疑、不受限制的，因为我们只需要"靠着我主耶稣基督，以上帝为乐"。

基督徒的喜乐表达了无穷、永存、不朽的丰富生命，如同太阳发出巨大的能量，但地球的生命系统才吸收了不到百分之一，巨大的喜乐能量是远远超过人所能吸收的。人类的幸福系于上帝的爱，而且这幸福实在是超过人的所求所想，那么，我们究竟如何进入这幸福呢？

喜乐在于接受上帝的治理

耶稣来到世上，是要传扬喜乐的好信息，其中心信息就是呼召人归属上帝的国，也就是降服于上帝的治理，以他为王。耶稣告诉我们，上帝的国将会在世界末日时降临，届时所有的罪恶都会被消灭除尽。但他又提示说，天国现在已经降临了，它的样式或多或少预表了未来天国的全貌；他进一步解释说，上帝的国度可以在爱上帝、顺服上帝的人心里看见，凡是接受他的教训、跟随他做门徒的人，就是先活在天国里了。

属于上帝的国，就可以经历真实的喜乐。对于每天亲近上帝的基督徒来说，生命好像一场节庆；每当有人成为"新造的人"，所有的基督徒都与他一起欢喜快乐。在耶稣的比喻里，提到了许多令人喜乐的场景，例如浪子回头、寻回失羊、失钱复得等等。一旦我们降服于耶稣的治理，他就住在我们心中、与我们同在，然后带来至大的喜乐。所以我们当如此祷告："愿你的国降临，愿你的旨意行在地上，如同行在天上。"（太 6：10）

我们属于上帝的国有一个证据，那就是我们的品格得到了改变，生命被重塑。正如我在第 10 章所说的，八福表达了人在上帝治理下的生活是多么积极活跃，当我们生活在上帝所赐的生命纪律中，幸福就会临到。《箴言》已清楚表明，从人一出生开始，幸福与管教就是携手并行的，因为："不忍用杖打儿子的，是恨恶他；疼爱儿子的，随时管教"，"我儿，你不可轻看耶和华的管教，也不可厌烦他的责备，因为耶和华所爱的，他必责备，正如父亲责备所喜爱的儿子。"（箴 13：24，3：11－12）

《希伯来书》的作者如此描述上帝对人的爱："你们又忘

了那劝你们如同劝儿子的话,说:'我儿,你不可轻看主的管教,被他责备的时候,也不可灰心,因为主所爱的,他必管教,又鞭打凡所收纳的儿子。'你们所忍受的,是上帝管教你们,待你们如同待儿子。焉有儿子不被父亲管教的呢?管教原是众子所共受的,你们若不受管教,就是私子,不是儿子了。再者,我们曾有生身的父管教我们,我们尚且敬重他;何况万灵的父,我们岂不更当顺服他得生吗? 生身的父都是暂随己意管教我们,惟有万灵的父管教我们是要我们得益处,使我们在他的圣洁上有份。凡管教的事,当时不觉得快乐,反觉得愁苦,后来却为那经练过的人结出平安的果子,就是义。"(来 12:5-11)

除非愿意接受管教,否则无法享受上帝同在的幸福生活(尽管刚开始时可能看不出来);没有天父爱的管教,我们就不能领受身为上帝儿女的幸福。很多人对上帝的反叛已经令他们疏离了上帝(这说来确实令人感到难过),这罪必须从人的心底拔除(尽管过程很痛苦)。

八福所描述的生活方式,初看之下似乎有矛盾,如果我们哀恸、温柔谦卑、饥渴慕义,还怎么能快乐幸福呢? 这种幸福不是很奇怪吗? 事实上,任何人要走在主的道路上,那骄傲、靠自己的心态就必须先被破碎重整,然后被再教育、重新定向。这个过程是更新品格的必经之路,不是只变得更加和善一点就够了。内在生命的全然转变,只有上帝能帮助我们达成。

喜乐在于悔改

圣经用"悔改"一词来表达人的回转归向上帝,这是旧约先知们呼召上帝的子民归向他时所传讲的中心信息。耶稣呼召人悔改所用的比喻,也充满了这个信息。悔改的结果总是欢喜快乐的,这可见于筵席的比喻;耶稣比喻中的图像,已道出了上帝丰富的赐予。他自己参加欢庆的筵席,也为其他的宾客提供服务,借着筵席生动描绘了上帝的性格,也让我们看见他喜爱救赎失丧的人们、修复虚度的人生。悔改的转变总是靠着上帝的大能,而非靠人自己的努力。

耶稣的教训还告诉我们一件事,那就是,我们的悔改也能使上帝喜乐,正如浪子回头使父亲欢喜的那个比喻一样。耶稣的每一个比喻,以及他在地上的生活、言行,无不启示了有怜悯、有慈爱、又宽恕赦罪的上帝的性情,而且这当中有一些不寻常、不平凡的特征,例如,虽然上帝极其圣洁、恨恶罪,但却不恨恶罪人,这从耶稣愿意花时间在罪犯、娼妓、欺压者身上就能看出,他以宽恕的心接纳他们,并且教训他们要改过回转、归向上帝。同时,他也教导门徒与人交往时亦当如此行。主祷文中有一句"免我们的债,如同我们免了人的债"(太 6:12),就可以看出上帝饶恕我们的罪,是与我们饶恕别人的过犯连在一起讲的道理。

"跟随耶稣"的意思,包括要我们向别人敞开自己,这在耶稣的"好撒玛利亚人"的比喻里已经显示出来:真正属基督的生命就是向有需要的每一个人敞开自己的生命。我们活在一个双重命令下,即:要爱上帝,要爱人。耶稣给人带来的喜乐是在上帝的怜悯中分享爱,在爱里享受喜乐;这喜乐也是表达出我们对上帝大能的无限信靠,相信他要转变我们心中最顽梗的部分。

在敬拜中经历喜乐

福音书中喜乐的气氛启发了早期教会的敬拜。耶稣这位喜乐之子,引领跟随他的人一同进入对上帝的感恩和赞美中。因此,耶稣是人获得喜乐满足的最大关键!有一次耶稣告诉门徒:"向来你们没有奉我的名求什么;如今你们求就必得着,叫你们的喜乐可以满足。"(约 16:24)满足的喜乐是来自圣父、圣子、圣灵三一上帝彼此的团契交通,彼此享受对方的同在,这是基督徒敬拜的核心,也是我们在上帝里面获得喜乐的核心。

基督徒的喜乐也建立在耶稣基督的受死、复活、升天、圣灵降临等历史事实,以及建立在上帝不断与基督徒的交通上。基督徒的喜乐是一道火光,能点燃真心崇拜的活力;每一场崇拜都应该是赞美、喜乐的场合。敬拜之喜乐的根源来自圣经的《诗篇》——旧约圣经中的圣诗集。《诗篇》让我们听到敬拜者的欢呼,让我们在想象中一同加入那些上耶路撒冷守节期的行列;在《诗篇》里,圣殿院内始终不断回响着赞美和敬拜之声。

每主日的崇拜是基督徒整个生命的礼赞！正如蜜蜂在各地、在各种花朵中采集花蜜之后回到蜂巢，基督徒也将在世界各地、在各种生活中体验到的上帝之美善和恩典带回教会，大家就在其中一同赞美、感谢、崇拜。我们日常生活中的每一件事、每一个角落，都能带到敬拜中。诗人赫伯特(George Herbert)这样赞美上帝：

愿世界各角落欢唱，我神我王！
诸天不致太高，赞美得以飞扬；
地土不致太低，赞美得以增长。
愿世界各角落欢唱，我神我王！

虽然礼拜日是我们敬拜的高峰，但这也必须配合我们周一到周六都有赞美的生活才行。赫伯特说："我要赞美你！整整七天，而非只是七天中的一天。"虽然颂赞诗歌的歌词仍然"词穷"，但是它们已足够反映出天上真正敬拜的场景，而敬拜本身尚且无法充分表达上帝的伟大：

贫乏辞藻，难以衬托你；
即使永恒万代颂扬你，亦嫌短少。

患难加深喜乐

我们很容易理解基督徒的敬拜是一种喜乐，但是要相信诗人马德胜(George Matheson)所说的"喜乐是透过苦难找到我的"就很困难了。要透过苦难来经历喜乐,这实在是一项吊诡,但却是耶稣一生的写照。

跟随耶稣、做他门徒的意思,就是包括也像他那样遭到敌对和打击。不过,至少有一种苦是基督徒可以避免的,那就是受逼迫时感到吃惊,因为彼得早已说过:"亲爱的弟兄啊,有火炼的试验临到你们,不要以为奇怪(似乎是遭遇非常的事),倒要欢喜,因为你们是与基督一同受苦,使你们在他荣耀显现的时候,也可以欢喜快乐。你们若为基督的名受辱骂,便是有福的;因为上帝荣耀的灵常住在你们身上。"(彼前 4:12 - 14)

雅各也说:"我的弟兄们,你们落在百般试炼中,都要以为大喜乐,因为知道你们的信心经过试验,就生忍耐。"(雅 1:2 - 3)这种喜乐不是肤浅的,因为付出了重价;通过受苦、有份于基督十架的苦难,我们才能明白真正的喜乐是什么。《希伯来书》的作者也是把喜乐与基督受苦连结起来:"仰望为我们信心创始成终的耶稣(或作:仰望那将真道创始成终的耶稣),他因那摆在前面的喜乐,就轻看羞辱,忍受了十字架的苦难,便坐在上帝宝座的右边。"(来 12:2)

"经由苦难赢得喜乐"这个主题的威力相当强大!尤其是在早期教会及迄今所有教会遭受逼迫的时候,都是如此。保罗明白,他自己受的苦难是给那些不信者一个信号,是要他们知道,那位被钉十字架的耶稣拥有征服苦难和死亡的大能。圣方济各曾经有件感人的事迹。有一次利奥弟兄问他："完全的喜乐是什么？"圣方济各说："不妨想象我在漆黑的深夜里回到佩鲁贾，当时天寒地冻，冰雪覆盖大地，我衣裳皱褶里的冰霜打在腿上，皮肤裂开流出血来；我的头罩上也盖满了雪，身体在寒风中颤抖着。终于走到了一间修道院的门口，叫门叫了很久，看门人从床上爬起来，问我是谁。我答：'弟兄方济各。'门房说：'走开，现在不是来修道院的时候，我不能替你开门。'我再次恳求，门房回说：'马上给我离开！你这个大笨蛋，我们这里人够多了，不需要你。'我不得不继续恳求：'为了上帝的爱，请让我进去吧！就只住今天一宿。'他回答说：'别再啰嗦了，你去附近的麻风收容所过夜吧！'"

往事说到这里，方济各对利奥弟兄说："如果在经过这一切之后，我还没失去耐性，仍然能保持镇静，老实说，这就是完全的喜乐！"

这正是基督徒经历患难之喜乐的本质，可以将负面遭遇转化为基督超自然的大爱，可以让我们像保罗一样说："我靠着那加给我力量的，凡事都能做。"这确实是基督徒能够喜乐的特性。但这不是成为超人，而是在基督里领受信心的恩赐，让他成就那些远超过我们所求所想的事。

"经由苦难赢得喜乐"，就是体认到耶稣愿意与穷人、困苦人同在，也愿意与那拒绝方济各的人同在。但是这并不是呼吁我们去高举苦难本身，而是要我们明白"没有任何权势能将我们与基督的爱隔离"。我们当盼望的是永恒,那时将不再有死亡,上帝会擦干一切的痛苦泪水,让我们亲眼看见他的一切荣美。

本章开头引用了莫妮卡·福朗的话,在她的作品中有另一段话,让我们明白由患难而生的喜乐在属灵生命中的分量:"复活节对基督徒有众多意义,其中之一就是复活节彰显了悲伤与患难的重要意义。悲伤、患难使我们痛苦,甚至剧痛到锥心刺骨,但是在最深层面里,我们也多少感到'没关系'。一旦我们领悟到这一点,心中就会涌出赞美、感恩和喜乐,这会让我们甘于平凡,而且在情感上得到奇妙的医治,产生幸福的感觉。"

是的,在基督里,我们确实拥有喜乐这个超自然的恩赐,这也是令基督徒十分困惑难解的事。不过,我们仍然是有血有肉有感情的人,难免也有不喜悦的负面情绪。前面所谈到的,有一些似乎让你觉得遥不可及,或是你尚未体验过的,但无论如何总要相信,没有任何事能拦阻基督徒接受苦难的超越性和临在性。此等信心能带来极大的安慰。

以祷告托住喜乐

人的情绪天生就会起伏不定,但是基督徒幸福快乐的品质却不是这样,因为它是靠基督恒久的内住来维系和稳定的,而祷告就是我们对此恒久同在的礼赞!

祷告能帮助我们的情感真实、情绪平稳沉静,好让喜乐常驻于我们内心;这不是仅仅对上帝存着冰冷遥远的信念可以得到的。当我们不再存着那些与我们生活及情感无关的"信仰"时,我们才能成为统合、完整的人,信心、盼望、爱心全都成为我们里面的一部分了。

祷告是我们在日常生活中与上帝交往,在信心和爱中倚靠他。相信上帝、倚靠上帝就是不断地与他沟通,好像朋友与朋友一样。借着敬拜、认罪、感恩和赞美,向上帝流露内心的情感,这种祷告能重新塑造我们的情绪,更新我们的态度。当我们知道了自己在他眼里究竟是谁,那么,我们当然也要敞开自己随时领受他告诉我们的事。

祷告是我们完整生命的其中一面,所以保罗告诉我们要"不住地祷告"。早期基督教领袖奥利金(Origen)在他的《论祷告》中作了诠释:"一个人若是将祷告与自己的职责相连,行事为人与自己的祷告相称,那他必然是个不住祷告的人,因为他把善行和实践诫命当作自己祷告的一部分了。而唯有如此,我们才可能不住地祷告,才能说圣徒的全部人生就是一个完整而又有力的祷告!"

保罗把"不住地祷告"与"常常喜乐"、"凡事谢恩"连在一起说,意义深远。感恩乃是祷告的动脉,也是人与上帝交通的动脉。若要真正经历祷告的大能,我们必须除去对上帝的冷漠和对自己道德的自满,这一点可以借着"凡事谢恩"来做到。显然这不是一件容易的事,尤其是身处苦难阴影下的时候；但我们若能在永恒的大光中看待万事，在其中扩张的希望之光仍然可以激发我们感恩的心。

路易斯说："赞美上帝不仅是表达快乐，也是完成快乐。这就是达到快乐的最高峰。"当我们为所有的遭遇感谢上帝，在他的爱与同在之光中看待一切事情的时候，我们就会名符其实地变成"凡事谢恩"的人，在其中真实地被喜乐和感恩的光辉充满。当我们了解上帝愈多，就会愈渴望因着他的本性而赞美他。

"以耶和华为上帝的，那国是有福的。"(诗 33:12)这句话可以替幸福的探索作一个最佳的总结。

我们今天生活在时代的交替中，发现西方文明显露的病兆，已将人们的思想与情感隔离了；即使是基督徒也有很多人过着一种"分裂的生活"，他们在思想上是有信仰的，但这信仰的实际却未触及他们生活中的情感；或许他们相信基督，但是并未以他为乐、享受他的同在；他们对信心有理性的了解，却不靠信心生活；他们头脑里有许多神学知识，却缺乏证据显示他们对上帝的情感因此有了改变。这就是为什么在寻求真幸福的过程中，一定会暴露出我们生命的肤浅之处。但愿这个过程能使我们更进深，内在生命更丰盛，能确实地为新生活提供稳固的基础。

我们若以祷告作为自己与上帝交通的桥梁，这种对幸福的追求，就绝对不会落空。

光,不因日落而黯淡;
爱,不因死亡而止息。
喜乐,无试炼能损伤之;
盼望,能照亮遥远之地;
信心,如明星宁静安详;
一如基督所赐的平安。

第12章
以上帝为乐

> 上帝啊！有一种喜乐是那不爱你的人无法得到的；唯有那些为你自己的缘故而爱你的人，方能得着；你，你本身，正是人们的喜乐！
>
> ——奥古斯丁

　　幸福之道不只是西方文明一直在追寻的，也是世上每个人都努力追求的，这就是为什么我分别从社会的改变和个人的经历，来探讨人们追寻幸福的过程。童年种种鲜活的情绪，对一个人的成长极其重要；社会变迁的阶段也可能与童年经历的各个阶段相当类似。西方文化近期的历史，显然与青春期的挣扎有对应的地方：二十世纪六十年代的嬉皮士，七十年代的叛逆青年，八九十年代的雅皮士。

我们也进一步回顾了古典时期文化的根源，那时的哲学家把幸福解释为心灵的宁静；到了文艺复兴时代，那种强调又得到推广，幸福被解释为寻找乌托邦；在近代世界里，我们查看了心理学家的发现，以及他们针对自我认识、自我分析所作的各种允诺。

现代人极度渴望幸福，但却总是忽视自己的属灵层面。如果上帝已为了他自己创造了我们，而我们的生命中却没有他的位置，就注定会失去真正的幸福，这该怎么办呢？

权力，或爱？

首先，我们需要知道一生中最根本的抉择，就是在权力与爱之间作选择，不是选择权力就是选择爱，放在我们人生的优先地位上。如果追求的是权力，那活着的主调就是表达成就的必要性；想要有所成就、想要飞黄腾达，就得常常踩在别人头上、拼命往上爬。

老布什总统任内的美国国务卿贝克（James Baker）很坦白地表达过这个信仰上的难题，他说："权势并非真如许多人想象的那般能给人带来满足。"贝克曾是里根和老布什两位总统的竞选干事，并成功地帮助他们当选。在操作政治权力方面，他是经验老到、效率极高的人才，但是他也承认："权力当然是醉人的，权力会令人上瘾、令人腐化；绝对的权力令人绝对地腐化。在过去九年内，我有机会参与并使用庞大的权力，这是我过去从未想过的事。我感觉到权力带来的沉重责任，也感觉到随之而来的种种诱惑。"

贝克说他一直深信，专业人士不应承认自己受了伤害，或承认有个人的问题；然而，当他后来看见不只是他自己有个人的问题，而且他本身就是问题的时候，他的想法发生了改变，他开始明白向配偶、向朋友、向上帝表露的友谊和爱，显然是人生中最重要的领域。他学到"一定得放弃想扮演上帝的企图，而将事情交托给他"。这种挣扎，在社会的每一层面都会发生；耶稣也曾在旷野受到魔鬼的试探，必须选择到底是要把握权力的机会，还是与人相爱、信靠天父的机会。

我们也开始体认，做这样的选择不只在于改变习惯，也不只在于改变思维模式。我们需要改变我们的心灵，才能在爱上帝以及与人彼此相爱的事上没有自私的占有欲。这样的爱所隐含的是"完全交出自己，降服在上帝面前"。在第2章里，我们看见格洛丽亚挣扎着想看清楚上帝在她生命中的真实性；她努力想弄明白自己头脑中已经知道、心里却还不明白的事。她曾在日记里向神写下这番话——

交出自己，只不过是把你给我的再交还给你。我的财产、我的才干、我的渴望、我的朋友、我的知识、我累积的物品，全属于你，它们都是从你那里来的，是你容许我拥有的。但这只是计划的一半，如果我就此打住，紧抓着我所拥有的不放，它们就会逐渐占有我，早晚我会变成它们的奴隶。我必须选择将它们全部交还给你，以体验那一无所有的释放感所带来的快乐，因为真自由不在于抓紧，而在于放手；不在于接受，而在于施予。这些都是老生常谈，我已经听过好多遍了。然而，上帝啊！要我全然放下自己、只信靠你，这实在太深太广了，远非我所能领会的经验。不过，我现在正朝着这方向迈进。

交出自己，这也是指将我们童年情绪烙下的印痕"交出来"，不要再把自己当作"做梦的孩子"、"影子般的孩子"、"被拒绝的孩子"，放弃所有影响我们与他人关系的受害者心态。当然，这些心态在我们里面已经根深蒂固了，总觉得活在一个冷漠麻木的世界里，觉得孤单，没有人了解自己。二十世纪七十年代"超级流浪汉"合唱团有一首歌，就表达了这种感受："有时候，全世界都在沉睡，问题深奥到普通人难以明了。请你告诉我，我们学到了什么。我知道，这个问题很荒谬，但请你告诉我，我是谁？"

古代的智者已经看见了，人们在自己最大的弱点上带着最强的防卫力；也最容易在情绪上拼命补偿自己。可是，我们若能认识到上帝能护理我们内心的伤痛，我们就会开始领会自己对他的亏欠有多深。他医治我们，又救拔我们脱离自己，并且赎回了我们，所以我们不能再像动物般生存着、一直忽略心中的需要和渴望，而要开始看见真幸福本身所具有的荣美和尊严。路易斯在《极重无比的荣耀》(*The Weight of Glory*)一书中这样论述——

如果我们思想福音书中应许的丰富奖赏，以及那些奖赏的惊人性质，似乎看起来，主耶稣认为我们的渴望并不是非常强烈，而是太过于微弱。我们心不在焉，明明上帝已经应许了无穷的喜乐，我们却仍在酒、色和野心之中打滚。这就好像一个无知的小孩，虽然有人答应带他到海边度假，但因他无法想象其中的乐趣，就坚持留在贫民窟里玩泥巴。人实在太容易安于现状了。

我们可以从一些世界名人传记来证实这个论点。很多名人对属灵方面的成长毫不关心，只注重身体感官的享受，充分展示了中世纪作家所描写的"兽人"样貌。其实人心底也明白，自己里面隐约存有一点理性，只是采取了疏离的态度，只想做生命的旁观者。人需要超越动物性本能、超越理性的层面，成为有灵性的男人、女人。人也必须甘愿舍弃低等的价值，包括身体上和理性上的享受，以寻求上帝赐予最大的幸福。

圣提里的威廉(William of Thierry)说的话十分值得我们一再深思：

当一个人思想的对象是上帝和属上帝的事情时，意志就会抵达一个阶段，变成爱。然后，圣灵，赐生命之灵，就会让人经由爱而感觉到他的同在。他将生命赐给了人类。这种思想方式，不是人自己可获致的；这乃是恩典的礼物，由圣灵随己意、在他选择的地点，赐给他所选择的人。人的责任只是随时预备好自己的心，除去那种依附环境的意志和理性中的焦虑，除去记忆中无益的、霸占心思的事物，尽管它们看起来好像是不可或缺。

说得一点没错！人不能单单在动物性或理性层面上活着，而是要像真正属灵的人，实实在在地经历生命里的丰富。这样，人的幸福才会真实、稳固。即使是基督徒，也仍然有进步、提升的空间。在尝到基督徒生活的真喜乐之际，我们该如何进一步"以上帝为乐"，以他为我们一切幸福的源头和满足呢？

以上帝为乐的动机

人的一生，正像圣经所说的，"没有常存的城"，没有永久的居所；因此，基督徒乃是寻求"那将来的城"。马格里奇这位讽刺今世弊病的老手，把这种在世上作寄居者的感觉表达得十分透彻：

为我，总是有一扇窗，永不变暗；总是有一盏灯，永不熄灭。这是我最大的祝福。我有一种感觉，有时非常鲜明地感到自己是个异乡人,走在陌生的土地上;是客旅,是离乡背井的人,而不是本地人。这种感觉给我很大的满足感,几乎是一种狂喜,令我吃惊。但有时,几天、几个礼拜、几个月过去了,这种感觉都没有再出现。这种"迷失"的感觉会回来吗?我竖起耳朵听,好像要捕捉远方飘来的音乐;我又张大眼睛凝望,好像要寻见遥远天际的星光。它一去不回了吗?而就在那一刻,啊!我松了口气,它好像从梦乡中溜了出来,悄悄关上了身后的门,踮着脚尖,走入拂晓朦胧的晨光中。接着,我又是一个异乡人了。我也终于体会到,唯一能落在我们身上的终极灾难,就是我们把地球当成了自己家、在其中安顿了自己;但若我们是他乡客,就不会忘掉那真正的家乡。

我们不妨把自己当成一个"被放逐的人",或是"留在敌后的特工",或是暂时处在"敌营里的间谍",然后就能学会如何以上帝为乐。就像阿奎那所说的:终极的幸福状态,并不存在于人里面,而是单单存在于上帝里面。《诗篇》说:"唯有等候上帝,我的心才有安息。"(诗62:1,新译本)

这就把我们引到下一个探讨的题目:在上帝里面的终极幸福究竟是什么?上帝以他自己为乐;喜乐是上帝的本性。因此,他是一切美善、喜乐的基础和源头。上帝对自己的喜悦,不是那种自我满足的喜悦(与我们想象的不同)。上帝乃是集三个不同位格于一体,在这一体中,他们彼此合一相爱,所以,上帝的福乐也就是宇宙最中心的福乐,存在于圣父、圣子和圣灵的永恒关系中。

圣子降到世间,又回到圣父那里,使人知道自己能有份于上帝的福乐。人必须放弃自己思想、生活的方式,过顺服、信靠的生活,就如同耶稣在世的生活一样。耶稣说,人的幸福就在于做天父喜悦的事。因此,我们只有靠着圣灵的能力,才能看见自己的生命是以上帝的生命为导向,自己的意志也是以他的意志为导向。

圣父让我们看见上帝的本质;圣子用道成肉身的方式,取了人的样式,把上帝的启示显明给我们;圣灵来了,是要引导我们与上帝亲近,成为上帝的朋友。这样,难怪历世历代的基督徒会说,他们只借着操练默想三位一体的上帝,就找到了幸福的最终极本质。

上帝如何将这种幸福传达给我们呢? 由于上帝的喜乐会在我们心中产生新的生命,使我们更充满活力,好像藤蔓的浆汁使枝叶充满生机一样。上帝的活力和喜乐所产生的果子,就是仁爱、喜乐、和平。上帝的喜乐也滋养我们内在的生命、喂养我们的心灵,好让我们的灵命成长得更像基督。上帝的喜乐是有感染力的,能在敬拜他的人生命中产生喜悦。我们若有丰富的心灵,自然会流露出对上帝的赞美,就像大水溢流成河一样。

这是描述一种被转化之后又有转化能力的福乐。只有在我们发现那使我们与上帝亲近的属灵纪律时,我们才能实际经历那种光鲜夺目的喜乐。

以上帝为乐的关键，在于经历一个不断升华的过程。我们用廉价物换得了贵重品，就好像保罗借《腓立比书》3∶8 所说的意思："我也将万事当作有损的，因我以认识我主基督耶稣为至宝。"耶稣有一次用个比喻说，一个生意人要变卖一切所有的，只为了得到一颗重价的珠子。其实，基督徒品格的成长都包含在这"以小换大的交易"里了。一个音乐家必须作极大的牺牲，花无数的时间和精力才能练就炉火纯青的琴技；而上帝呼召我们，是为了完成上帝要在我们身上成就的，为此，我们甘愿放弃比较不重要的东西。

如何才能做到这一点呢？可以归纳成三个方法，就是默想上帝的话语，过一个祷告和赞美的生活，以及增添我们对上帝的爱。

默想上帝的话语

默想圣经是一种个人化的方式，也是一种家常式的自修神学，我们可以通过阅读圣经和思想圣经来认识上帝的真理。默想会形成习惯，会在我们里面培养顺服的态度，在上帝面前谦卑、良心敏锐、有属灵的分辨力，以及有道德智慧。它也是默然承认：真理不在人里面，只在上帝里面，是住在"至高者的隐秘处"。默想带领我们进入上帝每时每刻的同在，这就是《申命记》30∶14 所表达的意思："这话却离你甚近，就在你口中，在你心里，使你可以遵行。"

《诗篇》119 篇是实践默想的最佳方式，作者至少九次表达他默想上帝、默想他话语时的喜悦，两次说到他喜爱上帝的法度。他拿自己与那些心里刚硬、麻木不仁的人相比，说："但我喜爱你的律法。"作者说的律法，是指整全的生活方式，他用了超过八种词汇来传达律法的丰富。律法可彰显上帝的本性，如果我们每天早晨默想一节经文、每周默想一整段，那么，这篇美妙的《诗篇》足以让我们度过半年快乐的时光。

帕斯卡尔指出，一个人本身的需要如何，可以测量出他的资质如何。这句话也适用于我们在上帝话语面前，用不断的默想来测量自己对上帝的需要。福音书中常描述耶稣"怜悯"众人，动了"慈心"，这不只是普通的关心，而是对那些到他面前之人的实际需要有独特的认识。

在默想中，我们可以触摸到上帝的怜悯和慈爱，他以一种独特且个人化的方式，明白我们内心的确切需要，他让我们深信他的话语是亲切地对个人说的。这种经历何等美妙！这就是为什么默想上帝的话语对灵命成长如此重要的原因。我们应当学习单单以上帝为乐。在默想的生活中，我们舍下喜爱的世俗事物，以换取对上帝全然委身的爱，爱他胜于一切。诗人赫伯特对此认识得很清楚，也在他的诗作《珍珠》里表达得淋漓尽致：

对这一切，我了如指掌，尽握手中，

并未密封，

但双眼雪亮，我飞向你，

全然明白交易内涵、货品明细。

你的大爱何等无价！

虽环境多变化，

唯穿越此等层层迷宫，

非靠我卑微聪明；

乃因你从天上垂下丝线，

引领、教导我如何拉着它，

朝你攀登。

在希腊神话中，忒修斯拉住一根丝线，避免在迷宫里走失，最后，那根丝线把他再次带到了安全之地。诗人赫伯特就是采用了这个喻象，形容上帝那条"丝线"连接着天堂与人世；这丝线就是上帝的话语，引导人向上帝攀登。默想就是一生抓住那根丝线，不惜任何牺牲与之交换，就为了得着那属意的"珍珠"。这绝不是在世俗的迷宫里能找到的宝贝。

过一个祷告和赞美的生活

默想上帝话语能带领我们进一步默观（contemplate）上帝自己。这两种内心渴慕上帝的举动互相关联，却又相当不同。两者的区分在于：一是渴慕知道上帝的旨意，一是以活在上帝的同在中为乐。渴慕上帝可以预备我们以上帝为乐;而祷告是一种"以上帝为乐的思想",并不是"技巧"的学习。祷告的目的不是祷告本身,而是"以上帝为乐",我们因着他自己的缘故与他亲密交通。

我们当然也应该为其他人的需要祷告,正如我们为自己的需要祷告一样。我们很容易感觉精疲力竭、满怀挫折与困惑,所以非常需要从上帝得着能力和清晰的生活目标。雅各把注意力集中在这个事实上:祷告的对象正是那位乐意厚赐求他之人的上帝,"众光之父……在他并没有改变,也没有转动的影儿。"(雅 1:17)根据《雅各书》4:2-3,人的愁苦往往是因为不向上帝祈求而导致的,"你们得不着,是因为你们不求。你们求也得不着,是因为你们妄求。"《诗篇》也能帮助我们解释这一段话,并且提醒我们以上帝为乐之时,就是得到心中渴望的事物之时:"耶和华啊!王必因你的能力欢喜;因你的救恩,他的快乐何其大! 他心里所愿的,你已经赐给他;他嘴唇所求的,你未尝不应允;……他向你求寿,你便赐给他,就是日子长久,直到永远。"(诗 21:1-2,4)"又要以耶和华为乐,他就将你心里所求的赐给你。"(诗 37:4)

我们在上帝圣洁的荣美中默观他的时候,他会塑造我们的心和我们的渴望,成为讨他喜悦的样式。如此一来,他的喜乐就会变成我们的喜乐,他的生命就会变成我们的生命。他既已把自己赐下给了我们,就使我们能够效法他、像他的样式。用这种方式仰望上帝，就是默观的生活，是真基督徒的生活中心。而当我们在默观的祷告中成长时，自然能亲身经历到那种属上帝的喜乐。假如没有三位一体上帝的时时恩助，我们是不可能达到这种成长的。在三位一体的上帝里面，三个位格也是彼此为乐，成为人类的典范。我们都很熟悉"愿主耶稣基督的恩惠、上帝的慈爱、圣灵的感动，常与你们众人同在"(林后 13：14)这句话，的确，他是常与我们同在的。

默观式的生命是逐渐成长的，因为它牵涉到我们天然的、直觉的生命改变过程。情感的瘾癖必须被摧毁，内在的伤痛需要被医治；我们还需要学习不信赖自己的感受，而是信赖那主宰感受的上帝。这些都是要花时间学习的。我们要明白，祷告是与我们里面道德和情感的改变并驾齐驱成长的。

祷告的精髓在于：我们与上帝的关系是否符合"唯独等候上帝，我的心才有安息"(诗 62：1，新译本)的描述。安息在上帝里面、以上帝为乐，这并非只限于理智，也并非只限于情感，而是将全人带入上帝的同在之中。因此，我们可以在不同的心情和情感状况下去默观上帝，无论小事大事，或是工作上的难处，或是灵里干涸、刚硬的时刻，或是在上帝里满有喜乐、领受祝福之际，我们都可以默观上帝。默观也可以是警醒和道德上的守望，或者是在沉静中明辨事物、追求智慧。为什么默观具有这么多不同的性质呢？因为我们默观的对象是上帝,而他已将自己无穷的可能性和我们生命无穷的可能性,都向我们敞开了。

一旦明白祷告就是以上帝为乐,那么,我们的生命必然会全然改观。一旦祷告成为一种完全活在上帝面前的方式,那么,我们祷告就会成为自动自发的行为,也是向他亲密地表达自我的方式。这样,我们就不再把祷告当成一种求得事物的手段,而是视祷告为赞美感谢上帝的方式,这会开始赋予我们奇妙的能力,去过一个祷告的生活。赞美的心乃是在我们福杯满溢时,从内在的丰富中自然涌流出来的。

在对上帝的爱中成长

本书稍早的篇章里有谈到,我们的文化非常重视理性,却对人类的情感抱着畏惧和无知的态度。相对地,基督徒的生命是有血有肉的存在,并且是受召要尽心、尽意、尽力爱上帝、渴慕上帝、以他为乐。西班牙哲学家乌纳穆诺曾经提到,人不可能将信仰与情感分开:

那些说自己相信上帝,却不爱他、又不怕他的人,其实并没有信他,而是信那些教导他"上帝存在"的人。那些相信自己信上帝的人,心中却没有热情、心智上没有任何挣扎,他们也不曾在一种不确定感、怀疑感中有过绝望,其实他们所信的只是"上帝"这个观念,而不是上帝本身。

真正的信仰所生发的情感,能替光秃秃的理性论调穿上实践的外衣。这些情感能使我们对上帝的渴慕变得有血有肉,而且能表达出活在上帝里面的真实生命。但这并不是说,我们对上帝表露的是同样的情感,或者我们都变成了相同性情的人。事实上,有些人的信仰是很活泼、自然的;有些人的信仰则是安静、充满省思的。这差异并非指着与生俱来的天然感觉,而主要是指上帝赐予各人的渴望之情有所不同;焦点乃是集中于他的恩典在我们生命里产生的果效,以及他的灵在我们灵里工作的证据。

　　上帝创造我们,让我们的情感成为激发行动的主要动力;而凡是深刻影响我们的事物,自然也会占据我们的灵魂。这就是为什么圣经里非常关切人的"心里刚硬",或是强调对上帝冷漠、疏远而造成的危险。如果我们的良心变硬,或是对上帝的渴望消失了,我们就很容易不顺服上帝。

　　圣经里充满了有关人心的有力喻象。心不但解释了人所做的事,也解释了人为什么会做。这内在的焦点其实就是生命的真正指南针——指引生活和行为应该有的方向。这也就是为什么圣经告诉我们必须有"新心"(套用现代的语词,它就如同一次换心手术)。由此可见,信心、顺服与真实的信仰,都在本质上与情感的陶塑紧密相连,因为情感与自己相信的真理是不可能相悖的;一个人不可能过着不义的生活却相信正义,也不可能对上帝缺乏情感却声称自己爱上帝、以他为乐。因此,这整套有关默想、祷告、赞美、默观与热爱上帝的言词,是与我们自身的情感和对上帝的委身紧紧相扣的。

新约中处处可见作者情感的痕迹,例如在表达信心和敬拜时,说到"勇敢的心",这是最亲密的一项内在确据。其他还有虔诚的忧伤、感激、谦卑、怜悯、喜乐、感谢、爱,这些心情跳动的脉搏,全部传达出他们是在基督福音这一大光之中。

渴慕上帝是人类回应上帝的本质,这种情感和信仰的连接,在圣公会的《公祷书》里表达得极为优美:"全能的上帝,万心向你敞开,你熟知人类一切欲望,无人可逃避你。求你借着圣灵的启示,洁净我们心中的意念,让我们透过主耶稣基督完全地爱你。你是配得颂赞的。"

这不仅是指情感要表达出来,更是指被转化、被洁净、被重新导向、被上帝救赎。实践默想和默观乃是一生之久的过程,它也会真实反映内心天天悔改和更新的过程。此外,我们绝对不可认为,在上帝里面得到幸福是一种理所当然、自己有权利得到的姿态;相反,我们更需要做的是生活有纪律,有坚持到底的心,每天倚靠上帝。

我们最终是以上帝为我们独一的满足,这是一个真正谦卑、真正幸福的生命标记。保罗说:"我无论在什么景况,都可以知足,这是我已经学会了。"(腓4:11)保罗单单在上帝里找到了全部的生活资源与能力,以及一切吸引他的事物、一切重要的人际关系。在《腓立比书》中,他坦承:"我知道怎样处卑贱,也知道怎样处丰富,或饱足、或饥饿、或有余、或缺乏,随事随在,我都得了秘诀。"(12 节)随后,他又解释自己是如何找到这种奇妙的满足:"我靠着那加给我力量的,凡事都能作。"(13 节)

幸福,它是人们一生中曾经历、曾拥有的各样事物之结果的呈现。就某种意义来说,那是人类一生的"收支平衡表"和人生的"账户总结"。一个幸福的生命是美善的生命,有正直作标记,但若缺少了在上帝里面的满足和幸福,这种幸福的生命只能解释为一种踌躇满志、沾沾自喜的生命罢了。最后,我用帕斯卡尔的话来作为本书的结语:

幸福不在身外,也不在身内;幸福在那位居于我们身内、又在我们身外的上帝里面!

跋：以友为乐，与友共享[*]

今日全球化使人受益良多，其中一点是帮助我们更深地理解不同文化、不同社会中，人们如何行事为人，如何彼此交流。在此基础上，我们也能够探求人类共同的基本特征——使我们区别于动物的特征。在这一点上，即便人类学都难以胜任。因此神经科学日益走俏，因其开始深入探究人类思维以及人类意识。后现代的出现意味着"启蒙时代"并没有如我们所认为的那样使我们"启蒙"，意味着我们的情感比我们的思想更重要。越来越多的证据表明，人在本质上是关系性的，又极其惧怕自己终将面对死亡。所有人都将经历肉身死亡，而有些人比别人更深地经历到丧亲之痛。

恐惧是大脑的基本情感

今天,神经科学家相信,恐惧是人类的基本情感,这种情感聚集在丘脑下部,在大脑两个半球下面。[①] 西奥多·乔治(Theodore George)是研究成瘾精神病的专家,在美国国家卫生研究院负责研究人们成瘾的原因。人们为了逃避恐惧,转而借着酒精、毒品或性来寻求暂时的快感。这些东西会改变人的行为,久而久之使人成瘾。

恐惧其实是情感的"黑洞"。人借着成瘾暂时转移注意力,这逐渐会改变大脑,结果就是:自我中心、骄傲、内心孤寂、创伤以及社交困难,这些因素会全部交织在一起。瘾症还可能以多种形式遗传给下一代。成瘾确实涉及生理、神经、心理、社交和灵性等众多复杂维度。许多瘾症康复计划,比如匿名戒酒协会(Alcoholics Anonymous),为帮助人们摆脱瘾症做出了艰苦努力。这些计划之所以能够帮助人,是因为认识到导致成瘾的主要因素是以自我为中心的恐惧。谦卑、感恩、以他人为中心的友情和寻求上帝的帮助,这些是摆脱瘾症必不可少的要素。在服事中帮助别人,这有助于成瘾者从自我的囚牢中得自由。我们都当意识到,自恋是我们很容易拥抱的头号敌人。

---

① Theodore George, *Untangling the Mind: Why We Behave the Way We Do* (New York: HarperCollins, 2010).

关于大脑,另一重要事实是它有两个前额叶半球,位于储藏恐惧感的丘脑上方。随着现代世界科技的发展,左脑的使用越来越占主导地位,因其掌管逻辑、技术和科学思维。这就带来一个危险——使人类更像原始人的状态,因为人们以人工智能取代了更为广阔的人类视野。于是,我们越来越对人类幸福感的暴跌视而不见,而这正是我们今天要吞咽的苦果。反思一下职业化生活如何扼杀了自己家庭生活的各种需要。想想社会上各种机构背后是多么深不可测。问问自己:我曾经有过多少亲爱的密友? 这些亲密关系的丧失正是过度使用左脑的恶果。相比之下,右脑的活动范围则更广:艺术和人文、音乐、哲学,甚至进入生命的奥秘,抵达对超越的意识,亦即寻求上帝并感受他的存在。①

因为我们的大脑在诸如此类的层面上运作,人们还需要进一步探索恐惧这种基本情感如何与大脑两个半球交互作用,以致塑造了我们今日的性格。我在本书一开始就介绍了不同"性格类型"如何以不同方式诠释"幸福"。但实际上这只是追寻幸福的开始。

现在我们发现,在一个日益非人格化的世界中,这种对快乐感觉的追求很容易强化导致瘾症的基本要素——生活特别不幸福时,人会极其渴望即时的满足。于是人就被

---

① Iain McGilchrist, *The Master and his Emissary*: *The Divided Brain and the Making of the Western World* (Newhaven/London: Yale University Press, 2009).

推向吸毒成瘾的致命陷阱,当然还有其他显得不那么邪恶的瘾症——情色、赌博、金钱方面的瘾症,事业甚或学术方面的野心,以及各种形式的偶像崇拜。

恐惧恰如一座活火山,在各国之间驱动着地缘政治上的外交博弈。其表现形式因各国的历史、环境、文化和当权者的政策差异而有所不同。

恐惧是未表达出来的情感

基督徒肩负见证基督信仰之独特性的重任,这信仰是被爱所激励,而不是被惧怕所驱使。正如使徒约翰所言:"爱既完全,就把惧怕除去。"也就是说,爱把惧怕的一切因和果都除去了。我在另一本探讨爱之本质的书中提及伟大圣徒明谷的伯尔纳(Bernard of Clairvaux)。伯尔纳本人曾深切经验到这种爱——"爱是出于上帝……因为上帝就是爱"(约一 4:18)。[①]

惧怕与爱可谓水火不容,就像黑暗与光明格格不入。然而,在亚洲人的情感中,这种鲜明的对比被抑制了。这首先是因为,在佛教文化中,蕴含情感的不是"心脏",而是"肚子"。情感和佛陀自己一样难以界定,佛陀盘腿而坐,大腹

---

① *The Love of God and Spiritual Friendship*, by St. Bernard of Clairvaux, William of St. —Thierry, Aelred of Rievaulx, edited by James M. Houston, Multnomah Press, 1983.

便便。汉语有超过两万个汉字与情感有关,每个字(词)都表达不同的微妙情感,然而却无人能够具体指明到底是哪种情感。反观希伯来语和一些西方语言,只用区区二十二个辅音,就能轻而易举界定不同情感,用圣经人类学术语来描述,每个词都是"用心感受的"(heart-felt)。[①] 日本传统中有个颇具悲剧意味的传统——用剑剖腹自尽,这是最终无以言表、孤独至极的自杀方式,今天依然有人效尤。这象征一个人无力触及自己内心深处的情感以及深沉的孤独感。

由此我们很自然地想到,对情感——尤其是恐惧感——的压抑,如何主导了社会行为的诸多方面。殊不知,在儒家思想社会等级观念或西方趋炎附势思想的影响下,在各种为避免"丢脸"而戴的面具掩盖下,隐藏了多少羞耻感?人们将精力和金钱花费在争面子和避免丢脸的事情上,花费在奢侈品上,花费在全球流行的食品、服装和体育运动的品牌上。这种消费主义背后隐藏着微妙的恐惧感,这是人自己都不敢承认的,更不敢向家人或关系更疏远的亲戚或熟人承认。恐惧无所不在,存在于每一种关系、每一个处境中。

既然这样,我如何才能感到"幸福"呢?恐惧隐藏在每个抽象的思想中,人都单方面与"物"关联,这"物"并不能与人互动,只能保持沉默。我如何能够转而与自我对话,或者

---

① Jan G. Bovenmars, MSC, *Biblical Theology of the Heart* (New York: Alba House, 1991), p. ix.

更好的是,如何与亲爱的朋友交心呢?

基督徒的自由——摆脱恐惧

恐惧在我们的文化中或许有些不可捉摸,自由同样有很多微妙的含义。托马斯·默顿(Thomas Merton)从放荡青年变成与世隔绝的隐修士,他的追寻可以总结为:自由选择基本上是由人内心的冲动所主宰,而这些冲动源自对自我重要性的过度评估。我们的选择经常受到错误自我的左右。[①]默顿本人真的"自由"吗? 他的一生经历了翻天覆地的变化,从贪恋世界的年轻人,到极其敬虔的修士,再到隐修士,在最后时日则沉浸于对比自己的"默观"与佛教的"冥想"。

克尔凯郭尔从更加现实主义的层面,竭力摆脱"基督教王国"(Christendom)的奴役,从而得着"在基督里"的自由。他生活在令人压抑的丹麦文化中,如同日德兰半岛广袤大地上一棵孤独的枞树。丹麦文化只有一个命令,即"詹代法则"(the law of Jante)。这个法则规定:你不可与任何人不同。[②] 这必定是他首先要挑战的法则,也就是从自己所承袭的文化思维中解放出来。这与康德的哲学背道而驰,后者认为"自由意志与遵循道德律的意志是一回事"。但具有

---

① Thomas Merton, *No Man Is an Island* (London: Hollis & Carter, 1955), pp. 20 – 21.

② See James M. Houston, *The Mentored Life, from Individualism to Personhood* (Vancouver: Regent Publishing, 2007), pp. 107 – 131.

讽刺意味的是,克尔凯郭尔努力从令人窒息的没有基督的"基督教王国"中解脱出来,却又陷入路德宗国教的囚牢。[①]之后他更加意识到,自由并不是自主(autonomy),而是选择必不可少的一件事,那就是爱上帝。但这意味着"自由的对立面"不是"必然",而是"罪咎"。[②] 因为首先要挪去罪的拦阻,也就是先恢复和上帝的关系,之后我们才能得到这种神圣的自由。

当然,你会说,"我确实希望自己得到自由这一奇妙的礼物。"克尔凯郭尔冷酷地回应说:"谁不想得到自由呢?希望得到自由是很容易的,但希望却是人类所有行为表现中最微不足道、最不自由的东西。"美好的意图无济于事。果断作决定——这不仅是说你拥有作正确选择的自由,也意味着你得到了自由本身。自由就是无条件地选择基督,接受他为道路、真理和生命。基督就是恩典,因此你委身于满有恩典和慈爱的基督。基督就是自由[③],因此基督对你意味着全部。

我们现在可以自由地听到上帝对我们的应许:"你们若常常遵守我的道,就真是我的门徒。你们必晓得真理,真理必叫你们得以自由。……我实实在在地告诉你们:所有犯罪

---

① Immanuel Kant, Quoted in *Prometheus Rebound: the Irony of Atheism* (Waterloo: Wilfrid Laurier University Press, 1988), p. 279.

② Søren Kierkegaard, *Attack upon "Christendom"*, trans. Walter Lowrie (Princeton, N. J.: Princeton University Press, 1968).

③ *Provocations: Spiritual Writings of Kierkegaard*, compiled and edited (Mount Knoll: Orbis, 2010), p. 291.

的,就是罪的奴仆。奴仆不能永远住在家里,儿子是永远住在家里。所以天父的儿子若叫你们自由,你们就真自由了。”(约8:31—32,34—36)“真理”的力量就是“现实”(reality)的力量,正如理查德·包衡(Richard Bauckham)所言:

当所有从罪而来的幻想和妄想被上帝的话语驱散之后,我们所看到的现实就是“真理”。得自由(liberation)意味着超越当代社会借营销知识所营造的令人眼花缭乱的花花世界的幻象,进而看到事物的本来面目。真正的自由不是营造我们自己的世界,不是迎合我们自己的口味,而是能够分辨现实和虚幻。①

基督徒友谊中的自由

真正的个人自由体现在选择朋友及朋友彼此相属上,这二者都是自由的操练。孩子无法选择生于哪个家庭,我们在人生诸多关系上都没有选择的余地。就像主人家中或某个工厂里的奴隶,他们别无选择。但是当我们选择做基督的朋友,他就选择让我们拥有他那种与天父的父子关系。这是上帝奥秘中的自由,因为上帝是包含圣父、圣子、圣灵三个位格的上帝。上帝邀请我们自由地选择与他的友谊,

---

① Richard Bauckham, *God and the Crisis of Freedom* (Louisville/London: Westminster Press, 2002), pp. 17 - 18.

因为他已经自由地选择我们成为"上帝的儿女"。正如使徒约翰所宣告的,这实在是"奇妙的爱",而且"爱既完全,就把惧怕除去"。但是《约翰福音》15:14—15的表达更为强烈,因为"孩子"没有选择,而尊贵的"友谊"体现为双向选择的自由,双方选择彼此相属。只有此时,我们才开始明白自由的两个观念——脱离他人控制的自由,以及委身于他者(the Other)的自由。①

使徒雅各:有关做上帝的
朋友和做别人朋友的教导

　　使徒雅各是耶稣的兄弟,他本可以在早期基督徒面前自然地利用自己的这份特权和特殊地位,然而他却强调成为"上帝的朋友"的伦理特征。他强调"与上帝的友谊"与一切肤浅的、脆弱的人间友谊截然不同。因为基督徒友谊关乎成为圣洁——像上帝自己一样。基督徒友谊建立在"磐石"上,所以它坚固且持久。奥古斯丁告诉我们,这种敬虔(godliness)也是谦卑,因为上帝本身就是谦卑的顶点。上帝借着道成肉身成为人,这种虚己是个奥秘,难以参透。做"上帝的朋友",这种基督徒友谊要求我们以谦卑作为生活方式。雅各指出,伴随谦卑的,还有信靠、顺服和祷告。"智

---

① Ibid. ,pp. 42 – 43.

慧"一词也表明,这种友谊是上帝的恩赐,即每日活出福音的丰盛(雅 1:17—27)。

雅各也谈到做"上帝的朋友"的第二种方式——基督徒蒙召效法上帝的样式,像他那样怜悯人,像他这位审判全地的法官一样慷慨和公平,选择尊重穷人。所以说,上帝的朋友不会偏向富人,不会只顾有权势的人(雅 2:1—7)。这与人们通常理解的友谊背道而驰。

但是使徒雅各也提到成为上帝朋友的第三条道路——言语上的审慎(雅 3:1—18)。希腊-罗马时期很多斯多葛派的道德家也都看重对舌头的控制,但是雅各很现实地看到,人几乎不可能做到这一点,因为舌头可以说是不止息的恶物,充满害死人的毒气(雅 3:8)。然而,所有使得友谊长存的要素都要求某种形式的保密性。有人会在背后说某位朋友的坏话,这种态度已经表明友谊荡然无存!但是在我们感到力不从心时,怜悯之心会促使我们调整自己的语言和思想,使我们承认我们对朋友的帮助何等有限。所以说,我们需要谦卑,因为谦卑帮助我们为朋友保密。诗人威廉姆斯(B.Y.Williams)简洁明了地指出:

身旁友

每当烦恼噬你魂,你心向那身旁友。

他的帮助或有限,问题都要你承当;

所有烦恼都归你,灵魂独行崎岖径;

关爱之下无坦途,重担友谊拎不走,

但你知道有朋友,从头到尾在身旁,

关心安慰不曾停,温暖双手握你手,

有他帮助渡难关,帮助有限也不愁。

心怀感激高声赞:愿神保佑身旁友!

(李婧译)

使徒雅各向我们发出最后警告:千万不要把真正的基督徒友谊和天然的、世俗文化中的友谊混为一谈。世俗文化中的友谊不论看起来多么让人舒适安逸,都不会给我们"真正的幸福"。

岂不知与世俗为友就是与上帝为敌吗?所以凡是想要与世俗为友的,就是与上帝为敌了。……上帝所赐住在我们里面的灵,是恋爱以至于嫉妒吗?但他赐更多的恩典,所以经上说:"神阻挡骄傲的人,赐恩给谦卑的人。"故此,你们要顺服上帝(雅4:4—7)。

对上帝所赐友谊这一礼物的属灵回应

刚开始写这本书的时候,我不知道"对幸福的追寻"会把我带向何方。亲爱的读者,或许你们也没有想到。寻求的结果是"说不出来,满有荣光的大喜乐"!对于历史悠久的宗教——比如佛教和儒教——来说,耶稣的宣告未免太放肆了,因为他竟然宣告"我是道路、真理和生命"!在引用耶稣的宣告时,我们基督徒需要特别谦卑,因为耶稣的生命、死亡和复活栩栩如生地彰显出上帝无限的谦卑。对基督徒来说,宣告这一真理是必不可少的,但是我们需要以对话的方式与人交流,和非基督徒交朋友。我们这样做是为了认识他们,了解他们的处境和他们对幸福的渴望——正如每个人渴望幸福那样。然后,我们应该去努力,既在朋友里面、也在陌生人身上看见上帝①,因为这些陌生人虽不自觉,却可能正在寻求上帝,而且也被上帝找到了。没有什么比享有上帝的友谊更能使我们蒙福。然而,也没有什么比分享上帝的友谊更能使我们降卑。

(李洪昌译)

---

① *Meeting God in Friend and Stranger*:*fostering Respect and Mutual Understanding between Religions* (London:Catholic Truth Society,2010).

图书在版编目(CIP)数据

幸福真谛:寻找人生真满足/(加)侯士庭著;周一心译.—上海:
上海三联书店,2014.7(2024.10 重印)
ISBN 978 - 7 - 5426 - 4672 - 9

Ⅰ.①幸… Ⅱ.①侯…②周… Ⅲ.①性格-关系-幸福-研究
Ⅳ.①B4848②B82

中国版本图书馆 CIP 数据核字(2014)第 042305 号

幸福真谛
——寻找人生真满足

著   者 / 侯士庭(James M. Houston)
译   者 / 周一心
丛书策划 / 橡树文字工作室
特约编辑 / 橡树文字工作室
责任编辑 / 邱 红
整体设计 / 周周设计局
监   制 / 姚 军
责任校对 / 张大伟

出版发行 / 上海三联书店
           (200041)中国上海市静安区威海路 755 号 30 楼
邮   箱 / sdxsanlian@sina.com
联系电话 / 编辑部: 021 - 22895517
           发行部: 021 - 22895559
印   刷 / 上海惠敦印务科技有限公司

版   次 / 2014 年 7 月第 1 版
印   次 / 2024 年 10 月第 8 次印刷
开   本 / 890mm × 1240mm 1/32
字   数 / 200 千字
印   张 / 10
书   号 / ISBN 978 - 7 - 5426 - 4672 - 9/B · 354
定   价 / 45.00 元

敬启读者,如发现本书有印装质量问题,请与印刷厂联系 021 - 63779028